공공기관에서
일하고
싶다구요?

공공기관에서 일하고 싶다구요?

– 공공기관 취업 성공을 위한 마스터 바이블 –

김욱 저

법률출판사

프롤로그

얼마 전 영향력이 대단히 큰 정치인의 자녀가 공공기관 입사 특혜 의혹에 휩싸이며 많은 국민들의 공분을 샀다. 강원도에 위치한 한 공공기관은 입사자 전원이 부정 청탁으로 입사했다며 언론에 대대적으로 보도된 바도 있다. 나는 관련 기사를 보면서 이런 생각이 들었다.

'공공기관도 이런데 사기업은 오죽할까?'

나는 다양한 공공기관과 일반 기업에서 일하며 실력이 아닌 철저히 '빽'을 통해 입사하는 사람들을 수도 없이 지켜봐 왔다. 우리 채용시장이 얼마나 혼탁한지 인간의 제한된 언어로 도저히 표현할 수 없을 지경이었다. 밀어주고 댕겨주는 소위 <그들만의 리그>를 보면서 우리 자식들에게는 이런 세상을 물려주지 않아야겠다는 각오에 불탔다.

그나마 다행인 것은 최근 공공기관은 블라인드 면접이다 NCS 기반 채용이다 해서 채용의 투명성이 예전보다는 많이 좋아졌다는 사실이다. 하지만 아직 멀었다. 우리 자녀 세대들에게는 투명하고 공정한 사회를 물려줄 책임이 우리에게 있다.

이 책은 공공기관을 취업하기 위해서라면 누구나 반드시 읽어야 할 일종의 지침서이다. 이 책을 통해 공공기관에 취업을 희망하는 이 땅의 젊은이들이 미래에 대한 비전과 역량을 구체화하여 공공기관에 취업해 나라를 위해 일하면서 개인의 행복도 찾기를 바란다.

내가 이 책을 쓰게 된 동기는 다음과 같다.

얼마 전 나는 한 공공기관의 초청으로 '공공기관 취업'에 대해 특강을 한 적이 있다. 여기서 약 30여 명의 대학생을 상대로 공공기관 취업에 대해 나만의 관점에서 자세히 설명하였다. 놀랍게도 이 강의에 대한 반응이 너무 좋아 책으로 출간하는 것이 어떠하겠냐는 제안을 받았다.

사실 공공기관도 직장의 하나이고 공공기관 취업이 인생의 성공을 보장해 주지는 않는다. 또한 공공기관 취업이 가지는 장점도 있으나 장점이 있으면 그에 상응하는 단점도 분명히 있다.

또한 공공기관도 워낙 종류가 많고 형태도 다양해서 통일된 시각에서 공공기관에 관해 설명하는 것 또한 쉽지 않다. 게다가 한 기관 내에서도 어느 부서에서 근무하느냐? 혹은 누구와 함께 근무하느냐?에 따라 상황은 180도 달라질 수 있다.

여러분에게 묻고 싶다. '프로'란 무엇인가?

프로에 대한 정의는 다양하다. 나는 위기에서 진가를 발휘하는 사람이 프로라고 생각한다. 평온할 때는 프로가 잘 보이지 않는다. 위기가 닥쳐서야 비로소 진짜 실력이 나온다. 자기 분야에서 자기가 최선이라고 생각할 수 있을 때 그 사람은 진정한 프로다. 더 구체적으로 말해볼까? 임무가 주어지고 현안을 마주쳤을 때 당황하지 않고 빠르고 정확하게 일 처리를 하는 사람이 진정한 프로다. 시련과 위기는 강한 사람을 만들어낸다. 위기를 기회로 바꾸고 어려움에 봉착했을 때 이를 해결하고 나아가 더 나은 대안을 제시할 수 있는 그런 사람이야말로 이 시대가 원하는 인재상일 것이다.

나는 공공기관에 우수한 인재들이 많이 입사하기를 바란다. 막상 입사해보면 회사의 시스템이나 경영방침, 그리고 선배들의 업무태도, 일의 진행방식이 내 상식과 맞지 않게 돌아가는 것을 보게 될지도 모른다. 그리고 효율성, 이익만을 추구하지 않는 공공기관의 답답하고 안타까운 현실을 보며 좌절도 할 것이다.

이제 공공기관도 바뀌어야 한다. 오랜 기간 전통이라는 명목하에 행해왔던 구습에서 벗어나 다분히 전략적이고 생산적이며 발전적인 모습으로 환골탈태해야 한다. 이러한 시대적 사명이 여러분에게 달려 있다.

그러기 위해서 공공기관에 반드시 합격하기를 바란다.

입사라도 해야 바꾸든지 말든지 할 것 아닌가?

지금부터 내가 제시하는 공공기관 취업전략을 잘 숙지하여 모두가 원하는 소기의 성과를 이루기를 바란다.

CONTENTS

제1장

공공기관이란
도대체 무엇인가요?

1

선호도 1위의 직업, 공공기관 직원
- 왜 다들 공공기관으로 몰리는 걸까?

공공기관의 인기가 하늘 높은 줄 모르고 치솟고 있다. 경제란 것이 호황일 때도 있지만 그렇지 않을 때도 있어 그 어느 때보다 안정성이 강조되고 있다. 특히 IMF를 겪은 이후로 당장의 이익보다는 탄탄한 직장을 선호하는 경향이 뚜렷해졌으며, 일과 삶의 균형이라는 '워라벨'이란 말이 유행하게 되면서 이러한 경향은 더욱 강해졌다.

어느 회사가 됐건 입사전형이 있기 마련이고 입사전형에서 빠지지 않는 것이 면접이다. 면접전형에서 항상 물어보는 질문이 있다. 지원 동기이다. '왜 우리 회사에 지원했냐'고 묻는다면 여러분은 뭐라고 대답할 것인가? 이렇게 대답하지는 않을 것이다. ▲ 정년 보장 ▲ 높은 연봉 ▲ 널널한 업무. 다들 머릿속에는 이 단어들이 떠오르겠지만 아무도 이런 정직한(?) 단어를 면접관의 면전에 대고 이야기하지는 않는다. 이런 대답은 술자리에서 친구나 동료가 물어보면 나올 만한 대답이리라.

나는 가끔 이런 생각을 한다. 면접관도 똑같은 사람일진대 정년 보장, 높은 연봉, 일과 삶의 조화 등등, 이런 대답을 예상하지 않았을까? 우리가 삶에서 장난스러운 생각을 지우고 진지하게 마음에서 우러나오는 진실을 대할 때, 오로지 회사를 위해 헌신하겠노라고, 나아가 국가와 민족을 위해 이 한목숨 바치겠노라고, 그래서 오직 이 회사만을 입사하기 위해 오랜 기간 준비했노라고, 이 회사는 내 숙명이라고 말할 수 있는 사람이 과연 얼마나 될까?

우리 인간의 속마음과 겉으로 드러나는 모습은 항상 같은 것은 아니다. 어쩌면 다른 경우가 더 많을 수도 있다.

과거 일본의 거품경제 시절이었던 70년대와 80년대, 우리나라 경제가 활황이었던 80년대부터 90년대 중반까지는 정작 공공기관의 인기가 지금처럼 높지 않았다. 당시에는 은행권이나 대기업에 취업하는 것을 지상 최대의 목표로 여기던 시절이었다. 굳이 대학을 나오지 않더라도 상고를 졸업하고 은행에 취업하면 주변에서 알아주는, 꽤 성공한 인생이었다. 우리가 소위 명문대학교라고 부르는 대학교에는 소위 '취업버스'란 것이 있었다. 취업 시즌이 되면 각 기업에서는 우수한 인력을 선점하기 위해 회사 로고를 박은 버스를 학교 운동장에 주차했다. 그저 본인이 타고 싶은 버스를 타기만 하면 됐다. 그 버스는 해당 회사의 연수원으로 향했고 거기서 취업이 바로 결정되던 지금으로 치면 꽤 부러운 시절이었다.

하지만 90년대 후반 IMF 사태와 2000년대 후반 리먼 사태로부터 촉발된 세계 금융위기를 겪으며 상황은 돌변했다. 한때 나름 잘나가던 수많은 우수 인력들이 거리로 나앉는 모습을 우리는 직접 목격할 수 있었다. 평생 안정된 직장이 없어졌다는 사실에 다들 경악했다. 사람들은 비전과 발전 가능성, 도전을 택하기보다는 고용안정 즉, 오래 다닐 수 있는 회사를 먼저 찾기 시작했다. 그 시점부터 소위 '공'자 돌림인, 공무원과 공공기관의 인기는 상상을 초월하기 시작했다. 결혼정보회사 배우자 직업 순위에 공무원과 공기업, 공공기관이라는 소위 '공'자 돌림이 윗자리를 차지하기 시작한 것이다. 과거에는 은행이나 대기업에 다닌다고 하면 어깨에 힘 좀 들어갔지만, 어느 순간 공공기관이 그 자리를 대체하고 말았다. 공공기관에 다닌다고 하면 다들 부러운 눈빛으로 쳐다본다. 공공기관 직원 역시 더 이상 사기업에 다니는 사람들을 부러워하지 않는다. 여러 직업의 장점을 고루 가지고 있는 직업이 공공기관 직원이기 때문이다. 이런 이유로 공공기관의 인기는 하늘 높은 줄 모르고 치솟고 있다.

최근 언론에서 실시한 남녀 배우자 선호도 순위에서 공공기관 직원이 남자는 1위, 여자는 3위를 차지했다. 그만큼 공공기관에 대한 선호도가 높다는 방증이다. 특히 남자 직업으로서 공공기관의 인기는 상상을 초월한다. 배우자감으로 공무원과 대기업 직원을 제친 지 이미 오래다. 나 또한 공공기관에 근무 중이지만 이렇게까지 공공기관의 인기가 하늘 높은 줄 모르고 치솟을 줄은 꿈에도 몰랐다. 도대체 왜 이런 현상이 벌어진 것일까? 공공기관에 무슨 매력이 있기에 다들 공공기관에 열광하는 것일까? 공공기관에는 우리가 모르는 무엇인가가 있는 걸까? 이런 사회적 현상이 도대체 왜 일어난 것일까?

나는 공공기관에 15년 넘게 근무하고 있다. 밖에서 보는 시각과 안에서 피부로 느끼는 관점은 분명히 다를 수밖에 없다. 우리 인간은 기본적인 욕구가 충족되면 더 상위의 욕구를 찾는 속성을 가지고 있기 때문이다. 얼마 전 강원도에 위치한 한 공공기관의 경영지원본부장을 만난 적이 있다. 신입사원 5명을 뽑았는데 6개월 만에 전부 나가버렸다는 것이다. 처음에는 공공기관이라고 일단 붙고 보자는 심정으로 지원하여 천신만고 끝에 합격했건만, 막상 입사하고 보니 본인 생각과는 아주 달랐던 것이다. 강원도 시골 오지 근무, 생각보다 많지 않은 급여, 그리고 같이 입사한 동료들의 연이은 퇴사로 결국 5명 모두 그만두고 만 것이다.

내가 공공기관에 오랜 기간 다니면서 느낀 점은 크게 3가지다. 첫째, 공공기관이나 사기업이나 큰 차이가 없다. 둘째, 실제 밖에서 바라보는 시각과 막상 다니면서 느끼는 생각은 다를 수밖에 없다. 셋째, 그럼에도 불구하고 공공기관은 매력 있는, 꽤 괜찮은 직장이다. 바로 이것이다.

공공기관에는 일반 사기업과는 다른 무엇인가 특별한 것이 있을 것도 같지만 막상 다녀보면 전혀 그렇지 않다. 기업은 태생적으로 영리를 추구하지만, 공공기관은 저마다의 존재 이유 내지 목적성을 가지고 있을 뿐이다. 그 외에 우리 인간 군상들이 모여 있는 곳이라면 생래적으로 가질 수밖에 없는 조건들은 모두 같다고 보면 된다. 열심히 잘하면 성장하고 기대에 부응하지 못하면 도태된다는 점도 같다. 이 점은 오히려 일반 기업이 더 낫다고 할 수 있다. 공공기관은 본인이 아무리 노력해도 올라갈 수 있는 자리가 극히 한정적이고 그나마 있는 자리도 외부에서 낙하산을 타고 올 확률이 대단히 높기 때문이다. 기업도 마찬가지라고 생각할 수 있겠지만 공공기관은 올라갈 자리가 훨씬 더 적다. 어디든 장점이 있으면 단점도 있는 법이다. 열심히 잘하는 사람은 어디서나 인정받지만 그렇지 않은 사람은 저성과자로 낙인찍히고 도태된다.

이왕 열심히 해 무엇인가를 이루고 싶은 야망이 있다면 차라리 공공기관보다는 일반 사기업을 추천하고 싶다. 그래야 능력대로 자라날 수 있고 그에 합당한 보상도 받을 수 있기 때문이다. 물론 일반 기업도 공공기관처럼 올라갈 자리가 없다고 한다면 어쩔 수 없겠지만, 일반 사기업을 상당 기간 다녀 본 내 경험으로는 공공기관보단 일반 사기업이 노력에 대한 성취도 면에서는 월등히 우월하다.

이렇듯 공공기관이나 일반 사기업이나 분명히 일장일단이 있으며 공공기관만이 절대적이라고 생각하는 건 대단히 위험하다. 우리가 꿈꾸는 미래는 각자 다르고 어디를 가든지 다 자기가 하기 나름이기 때문이다.

공공기관의 장점에 관해 묻는다면 대부분 다음과 같이 이야기한다.

> 안정된 고용환경
> 대기업 수준의 높은 연봉
> 강하지 않은 업무강도

위 말은 일부는 맞지만 일부는 틀리다. 민간 기업이나 공공기관이나 천차만별이기 때문이다. 심지어 같은 기관 내에서도 부서마다 다르고, 상사가 누구냐에 따라 다르며, 어떤 상황에서 입사하느냐에 따라 또 다르다. 바깥에서 보는 장밋빛 미래만 생각하고 입사해서 버티지 못하고 도중에 포기하는 후배들을 수없이 보아 왔다. 공공기관 입사가 저절로 성공을 보장해 주지는 않는다. 찬란한 미래가 예비되어 있는 것은 절대 아니라는 말이다. 입사하는 순간부터 새로운 삶의 시작이고 새로운 도전의 시작점일 뿐이다.

우리가 생각하는 공공기관의 장점이 일정 부분은 맞지만 그렇지 않은 부분도 있다. 공공기관에 대한 막연한 환상(?)을 가지고 막상 입사한 후 진실을 알고 실망하는 경우도 적지 않다. 따라서 공공기관에 대한 환상을 버려야 한다. 현실을 직시해야 한다. 사람 사는 세상은 공공기관이나 민간 기업이나 별반 다를 것이 없다. 따라서 공공기관이 '절대 선'이라는 고정관념을 탈피할 필요가 있다. 결국 사람 사는 세상은 다 거기서 거기다!

2

공공기관, 이게 좋다!
- 공공기관이 갖는 3가지 장점

몇 해 전 부모님 집 근처의 한 횟집을 갔다가 그곳에서 일하시는 한 아주머니의 이야기를 우연히 듣게 되었다. 아들이 공대를 졸업하고 한 지방에 위치한 발전 공기업에 입사한 사실을 대단히 자랑스러워하셨다. 나는 진심으로 '자제분께서 대단한 일을 하셨다'고 말씀드렸다. 식당 일을 하며 힘들게 키운 아들이 대학을 졸업하고 보란 듯이 소위 신의 직장이라고 하는 '발전 공기업'에 정규직으로 턱하고 합격하였으니 그 기쁨이야 어떤 말로 다 표현할 수 있으랴.

여기서 내가 말하고자 하는 바는 그 아주머니 아들의 발전 공기업 합격 사실 그 자체가 아니다. 아주머니는 아들이 공기업에 합격하였다는 사실을 만천하에 자랑하고 싶었을 것이다. 하지만 주변에 발전공기업이 취업시장에서 어떤 위치인지, 발전 공기업 합격이 얼마나 대단한 것인지 제대로 파악하고 있는 사람이 없었다. 아주머니는 그 사실이 대단히 그리고 아주 심각하게 답답했던 것이다. 그러던 찰나에 공공기관 취업 전문가인 내가 '대단한 일을 하셨다'고 맞장구를 쳐주었으니 그 기분이 어떠했으랴? 거의 사막에서 목이 타 쓰러지기 일보 직전에 오아시스를 만난 그런 느낌이었으리라.

나의 이런 립 서비스 덕에 서비스를 몇 개 더 받기는 했지만, 그건 그 아주머니를 기쁘게 하려는 사탕발림 섞인 말이 아닌 틀림없는 사실이자 진실이었다. 아들이 발전 공기업에 입사했다는 것은 사실이고 실존이다. 하지만 그것을 부러워하고 인정해 주는 것은 인식이자 행위다. 아주머니는 그것을 원하셨던 거다. 그것도 아주 격렬하게.

얼마 전 한 신문에서 '최고 직장 신경전'이라는 기사를 본 적이 있다. 기사 제목은 '네카라쿠배만 있냐? 삼현에엘도 있다'였다. 여기서 '네카라쿠배'는 네이버, 카카오, 라인, 쿠팡, 배달의 민족을 의미한다. '삼현에엘'은 여러분이 아는 대로 삼성, 현대차, SK, LG이다. 공공기관이 인기가 많아진 것은 IMF나 글로벌 세계 금융위기 이후인 2000년대 중반 이후이므로, 지금 나이가 좀 있는 분들은 아직도 여전히 금융권이나 대기업을 선호하시는 분들이 많다. 일본의 거품경제와도 같은 고도 성장기를 경험하신 분들이기 때문이다. 하지만 시대가 바뀌었다. 최고 직장은 '네카라쿠배삼현에엘'뿐만이 아니다. 바로 공공기관이다. 지금부터 공공기관의 장점에 대해 심도 있게 생각해 보자.

우선 공공기관의 장점이라면 안정된 직장, 힘들지 않은 업무, 높은 연봉을 들 수 있겠다.

첫째, 공공기관은 민간 기업에 비해 안정돼 있다?

공공기관은 보통 법에 따라 만들어진 기관이다. 공무원이 모든 업무를 할 수 없기에 정부에서는 공공기관을 만들어 업무를 위임한다. 그렇게 해서 탄생한 것이 공기업, 준정부기관, 기타 공공기관 등의 소위 우리가 말하는 공공기관이다. 따라서 이들의 업무는 독점적인 경향이 있다. 가령 한국전력공사의 경우 전기에 대한 독점권을 가지고 있다. 이들에게 경쟁은 허락되지 않는다. 경쟁을 하면 국민이 피해를 보기 때문이다. 이들에게 있어서 '경쟁은 죄악'이다.

이런 공공기관의 특성으로 인해 공공기관은 비교적 안정적이다. 재무구조를 봐도 민간 기업이면 당장 부도 처리했을 공공기관도 버젓이 운영하고 있다. 부채비율이 얼마건 상관없다. 한마디로 '천상천하 유아독존'이다.

간혹 뉴스에서 특정 공기업의 부채비율이 어떠하다느니 방만 경영이냐느니 이야기가 나오는데 과연 이들이 방만 경영을 해서 부채비율이 그렇게 올라갔을까? 절대 그렇지 않다. 공공기관은 국가로부터의 경영에 관한 철저한 통제를 받는다. 공공기관 단독으로 큰일을 벌일 수 없다. 따라서 공공기관의 부채는 방만 경영이 아닌 국가로부터 발생한다.

한전의 부채비율을 낮추려면 직원들의 처우를 낮추거나 조직을 슬림화하면 되겠지만 이건 빙산의 일각일 뿐이다. 전기요금을 올리면 쉽게 해결되는 문제인 것이다. 하지만 요금을 누가 쉽게 올릴 수 있겠는가? 한전에서 부채비율을 줄이고 원가구조를 개선하기 위해 요금을 올린다고 치자. 그 부담은 결국 국민에게 돌아가게 되어 있다.

4대강 사업을 할 당시 수자원공사 부채비율이 수십 배나 올라갔다. 이 사업은 국책사업으로 4대강 사업을 정부에서 추진하지 않았다면 발생하지 않았을 부채다. 이런 식으로 공공기관은 정부의 정책적 결정에 의해 떠안지 않아도 될 부채까지 떠안을 수 있다. 이런 부채는 결국 정부의 부담으로 이어지고 결국에는 국민에게 고스란히 전가된다. 정부의 선택에 의해 발생한 공기업의 부채를, 부채가 발생했다고 부도 처리할 수 없는 노릇이다. 이런 이유로 공공기관은 민간 기업에 비해 안정적이라는 것은 분명한 사실이다.

둘째, 공공기관의 업무강도가 약하다?

나는 업무강도가 약하다는데 절대 동의할 수 없다. 공공기관 현직자에게 물어보면 결코 업무강도가 약하지 않다고 한다. 민간 기업에 다니는 사람들은 자기들이 더 힘들다고 한다. 무엇이 정답일까?

내 경험으로는 공공기관의 업무강도가 절대 약하지 않다. 오히려 더 힘든 부분이 있다고 생각할 정도다. 나는 민간 기업에서 5년 넘게, 공공기관에서도 약 15년을 다녔다. 그래서 민간 기업과 공공기관의 업무강도에 대해서도 어느 정도 이해하고 있다고 생각한다.

공공기관도 워낙 다양하고 민간 기업도 천차만별이라 단순히 기관 몇 개만 놓고 비교하는 것은 별 의미가 없다. 오히려 공공기관 전체와 민간 기업 전체를 비교하는 것이 맞다. 이런 가정을 해보면 민간 기업이 공공기관보다 더 힘들다는 것은 분명한 사실이다. 하지만 이는 상대적이다. 전반적으로 그렇다는 말이지 일률적으로 개별화하여 적용할 수 없는 문제라는 것이다.

주위 동료들을 보면 민간 기업에 가면 마치 당장이라도 죽을 것처럼(마치 드라마 '미생'에서처럼!) 생각하는 사람이 많다. 하지만 그것은 사실이 아니다. 사람 사는 세상이라면 경중의 차이는 있을지언정 다 비슷하다고 보면 된다. 단지 사기업에 비해 반복적인 일이 많아 그렇게 느낄 수 있다고 하는데 이것도 사실이 아니다. 나도 사기업에 근무하면서 주로 반복적인 업무를 담당했다. 즉 반복성이 사기업과 공공기관의 업무를 구분 짓는 사유는 될 수 없다.

나는 3곳의 공공기관을 다녔다. 그중 한 곳은 아주 근무 강도가 센 곳이었다. 그렇다고 나머지 2곳이 편하다는 것은 아니다. 다만 상대적으로 그렇다는 것이다. 모든 것은 케이스 바이 케이스다.

수년 전에 소위 칼퇴근이 이슈가 된 적이 있었다. 민간 기업은 칼퇴근을 못 하고 공공기관은 칼퇴근이 보장된다는 말이었다. 이 말이 과연 사실일까? 나는 절대 그렇지 않다고 본다. 민간 기업도 야근 안 하는 곳이 있고 공공기관도 밥 먹듯이 야근하는 곳이 있다. 이것은 조직 문화의 차이다. 같은 기관이나 회사 내에서도 어떤 부서는 야근을 밥 먹듯이 하고 어떤 부서는 칼퇴근한다. 시즌에 따라 야근을 하느냐 마느냐가 구분되기도 한다. 바쁜 시즌에는 너나 할 것 없이 야근하고 비수기 때는 칼퇴근을 하는 경우도 많다.

결국 일과 삶의 균형도 공공기관이나 사기업이나 마찬가지인 문제다. 다만 전체를 평균적으로 놓고 보자면 공공기관이 사기업보다 일과 삶의 균형을 가지기 유리한 측면이 있는 것이 분명한 사실이다. 하지만 그 차이는 공공기관과 민간 기업을 구분 지을 만큼 크지 않다.

셋째, 공공기관은 연봉이 높다?

결론부터 이야기하자면 위 말은 틀렸다. 일부 금융 공기업과 발전 공기업은 급여 수준이 높다. 하지만 정말 열악한 공공기관도 많다. 우리 사회 문화는 개인이 받는 연봉 공개를 금기시하므로 연봉에 대해 알려면 경영공시 알리오의 공시 정보를 이용하든가 현직자의 조언을 구하는 수밖에 없다.

나는 급여 수준은 대체로 '업종'을 따라간다고 생각한다. 가령 금융이나 공학(발전 등 에너지) 쪽 공공기관은 연봉이 높고, 유통·관광·인문사회 쪽은 연봉이 상대적으로 낮다. 이건 민간 기업도 마찬가지다. 자동차 회사나 전자회사, 조선회사, 중화학 계열의 회사에 다니면 연봉이 높지만, 관광이나 유통 쪽은 연봉이 낮은 것과 비슷한 이치다.

알리오에서 신입사원 연봉을 조회할 수 있으므로 해당 자료를 참고하면 대략적인 연봉 규모는 알 수 있다. 업종만 확인하면 급여 수준은 대부분 거기서 거기다. 죽지 않을 만큼 딱 준다. 공공기관의 연봉은 그렇게 높지 않다. 부자가 될 생각이라면 공공기관은 다니지 않는 것이 정답이다.

공공기관, 이게 싫다!

- 공공기관이 갖는 5가지 단점

앞서 공공기관의 장점을 알아보았다. 본래 소문난 잔치에 먹을 것이 없는 법이다. 여러분이 생각하는 공공기관의 장점은 그다지 믿을 게 못 된다는 진실을 알았을 것이다. 하지만 장점이 없는 것은 아니다. 분명히 장점도 존재하지만, 그것이 만인에게 공통으로 적용될 수 있는 것이 아니라는 점을 분명히 할 필요가 있다. 세상일에는 장점이 있으면 단점이 있고, 어두운 면이 있으면 좋은 면도 있는 법이다.

그렇다면 공공기관의 단점은 무엇일까?

나는 공공기관의 단점을 다음 5가지라고 생각한다.

〈공공기관의 5가지 단점〉
1. 반복적이고 루틴한 업무
2. 생각보다 많지 않은 급여
3. 상급 기관의 관리 및 감독
4. 승진의 비용이성
5. 지방근무

여기 적시한 5가지가 내가 생각하는 공공기관의 최대 단점이다. 이외에도 많은 단점이 있겠지만 본래 삐딱하게 보기 시작하면 한도 끝도 없다. 또한 여기서 제시한 단점들이 모든 공공기관에 공통으로 적용되는 것도 아니다. 하지만 나의 경험과 판단으로 대체로 그러하다는 점을 강조하고 싶다. 믿고 읽어 주시기 바란다. 무엇인가를 처음 흡수할 때는 너무 따지지 말고 맹목적으로 믿고 따르는 것도 좋은 방법이다. 기관에 따라 조금씩 차이가 있을 수 있다는 점을 유의한다는 전제하에 지금부터 공공기관의 단점에 대해 속 시원히 알아보기로 하자. 본래 적을 알고 나를 알아야 추후 곤경에 닥칠 때 이겨낼 힘도 생기는 법이다.

첫째, 반복적이고 루틴한 업무이다.

최근 공공기관에 입사하는 사람들 스펙을 보면 가히 장난이 아니다. '아니 이런 인재가 여기까지?' 할 정도로 우수한 인재가 공공기관으로 많이 모이고 있다. 아주 뛰어난 능력을 갖춘 친구가 있었는데, 나는 이 친구가 '나중에 어떤 직업을 가지게 될까?' 하는 생각을 여러 번 했다. 이 친구는 결국 부동산(토지와 주택)을 전반적으로 관리하는 공기업으로 갔다.

노파심에서 하는 말이지만 나는 우수한 인재들이 공공기관에만 몰리면 국가적으로 손해라고 생각한다. 뛰어난 역량을 지닌 인재들이 민간으로도 진출할 때 국가도 발전할 수 있다. '공'자 들어가는 직업을 선호하는 국가는 미래가 없다. 민간으로 인재가 몰릴 수 있는 환경이 조성되어야 한다고 생각한다. 공공기관도, 공무원도 결국 삶을 살아가는 방식 중 하나일 뿐이니까.

일단 공공기관으로 입사했다고 치자. 이러한 인재들이 본인의 역량을 100% 활용할 수 있는 적시 적소에 배치될까? 전혀 그렇지 않다. 이들은 아주, 그것도 대단히 허드렛일부터 시작한다. 그리고 규모가 큰 공공기관일수록 개인이 담당할 업무는 대단히 지엽적이고도 소소하다. 거의 최말단까지 간다고 보면 된다. 나도 입사 초기에 전공과는 전혀 관계없는 구매부서로 발령이 났다. 그곳에서 하는 일은 중장비의 부품과 각종 차량 및 장비에 장착하는 타이어를 구매하는 일이었다. 2년 동안 그 업무만 했다. 눈으로 본 적도 없는 수많은 부품과 타이어를 구매했다. 주변에서 '그 회사에서 도대체 무슨 일을 하느냐?'고 물었을 때 대답하기가 좀 낯 뜨거웠다. 그때는 왜 그랬는지 몰라도 '중장비의 부품과 타이어를 사고 있습니다' 라고 이야기하기가 무척이나 싫었다. 그래서 회사에 필요한 주요 전략물자를 구매한다고 이야기했다.

공공기관에 입사하면 무슨 대단한 업무를 할 것이라고 생각하는데 막상 들어가면 전혀 그렇지 않다. 아주 지엽적이고 단순하고 반복적인 업무를 부여한다. 그리고 그 업무를 오랜 기간(?) 성실하게 잘해야 관리자급으로 성장할 수 있다. 반복적 업무는 공공기관에서 겪어야 할 숙명이다. 좀 덜 루틴한 업무에 종사하고 싶으면 규모가 아주 작은 공공기관으로 가면 된다. 이런 곳은 인원이 적어 한 명이 하는 일의 범위가 아주 넓다. 즉, 멀티플레이어 혹은 슈퍼맨이 되어야 한다.

둘째, 급여 수준이 생각보다 높지 않다.

공공기관은 경영정보를 공개하는 '알리오(www.alio.go.kr)'란 홈페이지가 있다. 공공기관 정보 투명성 강화와 국민의 알 권리 충족을 위해 국가에서 공공기관의 경영상황을 국민이 알 수 있도록 만든 경영공시 홈페이지이다. 공공기관에 발을 담그고 있는 사람이라면 반드시 알아두어야 한다.

알리오는 지방공기업을 제외한 모든 공공기관의 정보를 제공한다. 지방공기업은 '클린아이'라는 알리오와 유사한 곳이 별도로 있다. 여기서 회사 경영상황에 대한 개략적인 정보를 확인할 수 있다. 심지어 신입사원 초임이나 직원 평균연봉 정보도 제공한다. 따라서 알리오에서 게시된 정보를 보면 그 기관의 연봉 수준이 어느 정도 되는지를 가늠할 수 있다.

공공기관의 연봉은 그야말로 천차만별이다. 평균연봉이 1억이 훌쩍 넘는 공공기관도 있고 5천만 원이 채 안 되는 곳도 허다하다. 따라서 입사할 때 지원하는 공공기관의 연봉이 어느 수준인지 확인하는 것은 대단히 중요한 일이다. 자칫 고생해서 입사해 놓고 생각보다 낮은 임금수준 때문에 박탈감을 느끼고 회사를 그만두는 일이 발생해서는 안 되기 때문이다.

급여 수준이 높은 금융공기업이나 발전 공기업도 평균연봉이 높은 것이지 신입사원 연봉은 그다지 높지 않다. 공공기관이 근속연수가 사기업에 비해 워낙 길기 때문이다. 근속연수가 길수록 연봉을 많이 받는다. 따라서 평균연봉을 알리오에서 확인할 때 '평균연봉'과 '근속연수'를 함께 봐야 한다. 근속연수가 긴 기관은 평균연봉이 높더라도 신입사원 초임은 박하기 마련이다. 신생 기관은 평균연봉이 낮더라도 나중에 높아질 수 있다. 이런 '평균의 메커니즘'을 잘 이해해야 한다.

내 경험으로는 공공기관 연봉은 우리가 외부에서 보는 기대만큼 많지 않다. 공공기관은 정부에서 대단히 강력한(?) 통제를 받으므로 많이 줄래야 줄 수도 없다. 간혹 내 나이 또래 친구들이 연봉 이야기를 하면 나는 이런 말을 자주 한다. '어차피 5천 넘고 1억 안 되잖아! 나는 이 말이 정답이라고 생각한다. 내 나이에는 많이 받아봤자 1억이 안 된다. 그렇다면 사실상의 차이는 없다고 보면 된다. 너무 연봉이 낮은 기관만 아니라면 연봉은 큰 고려 요소가 아니다.

셋째, 상급기관의 감독이 아주 심하다.

나는 공공기관에 처음 들어와서 이 점이 가장 싫었다. 우리 인간은 누구로부터 간섭을 받는 것을 태생적으로 싫어한다. 시어머니 모시기를 좋아하는 며느리가 없듯이. 공공기관은 태생적으로 정부의 위임을 받아서 존재하기 때문에 위임하는 정부 부처가 시어머니가 된다. 이러한 이유로 온갖 잔소리를 해댄다. 강력한 감독과 통제를 받는다. 공공기관 업계에서는 '공공기관의 간부급인 늙은 본부장이 갓 공무원으로 임용된 젊은 주무관에게 벌벌 떤다'라는 말이 나올 정도로 양자는 갑을 관계이다.

공공기관은 공공기관 총괄부처인 기획재정부나 각 주무부처에게 시시콜콜한 하나하나까지 엄격한 통제를 받는다. 가령 예산, 인사, 급여, 주요사업, 복지부터해서 사업추진계획, 중장기 발전계획, 경영성과계획 등 경영 전 분야에서 엄격한 통제를 받는다. 심지어 상급단체(국회, 기획재정부, 주무부처 등)의 요구자료 만든다고 야근을 밥 먹듯이 하는 직원들도 허다하다.

또한 공공기관은 감사원 감사 및 주무부처 감사를 받아야 한다. 일년에 수시로 일반감사다 특정감사다 하면서 해당 기관을 철저하게 조사하고 파헤친다. 이런 감사를 며칠 받으면 직원들은 그야말로 초주검이 된다. 그리고 지적사항이 나오면 그걸 처리하느라 엄청난 시간과 노력을 기울여야 한다. 여기에 국정감사, 복무감사, 보안평가다 해서 각종 정부 기관들이 공공기관을 감독하며 감시한다.

나도 민간 기업을 다니다가 공공기관에 와서 이점에 상당히 놀랐다. 시어머니가 너무 많았기 때문이다. 민간 기업에서는 상상도 못 할 일이었다. 민간 기업이야 자율성에 기반을 두고 정부의 입김이 상대적으로 강하지 않아서 대관(정부를 상대하는)을 담당하는 부서 외에는 대정부 피로도가 그다지 크지 않다. 하지만 공공기관은 전혀 그렇지 않다. 시어머니 등쌀에 힘들어하는 며느리 신세와 다를 바 없다는 말이다.

넷째, 공공기관은 올라갈 자리가 별로 없다.

공공기관은 보직 자리가 생각보다 많지 않다. 소위 CEO를 내부 승진으로 임명하는 것은 거의 불가능하다고 보면 된다. 아무리 큰 공기업이라도 올라갈 수 있는 자리는 본부장급에 불과하다. 이런 현상은 소규모 공공기관으로 갈수록 더욱 강해진다.

민간 기업은 진급을 못 할 경우 용퇴하는 것이 문화처럼 되어 있다. 그래서 50대 초반에 임원으로 승진하지 못하면 다들 옷을 벗는다. 행정고시나 특정직 공무원(경찰 등), 군인들도 이와 다르지 않다. 계급정년이 있고, 기수가 있어 후배가 올라오면 선배는 물러난다. 법으로야 이렇게 명시되어 있지 않지만 '후배들의 부담을 덜어준다'는 명목하에 관행적으로 옷을 벗기 마련이다. 하지만 공공기관은 그렇지 않다. 보통 50대가 되면 일부 우수한(?) 인력만 간부로 승진하고 나머지 인력은 평직원으로 근무하는 경우가 많다. 그렇게 바늘구멍을 뚫고 진급한 사람들도 자기 밑의 실장이나 팀장을 자기가 부리기 쉬운 자기보다 훨씬 어린 사람으로 임명한다. 이런 이유로 보직이 없는 40~50대가 아주 많다. 한마디로 올라갈 자리도 없고 꿰찰 보직도 없는 것이다.

사람이라면 누구나 조직에서 사장 한 번 하기를 꿈꾼다. 하지만 공공기관은 절대 쉽지 않다. 사장은 낙하산으로 외부 인사가 임명되는 경우가 허다하고 간부들도 일부 자리는 낙하산으로 채워지기 때문이다. 그러니 올라갈 자리가 없다. 이런 현상은 미래에 대한 기대감을 없애게 하는 주요 요인으로 작용한다. 열심히 한들 올라갈 자리가 없고 올라간 들 대단한 자리도 아니기 때문이다.

이렇게 승진할 곳이 없다는 것은 조직에 대한 목표설정이나 노력의 당위성, 동기부여에 찬물을 끼얹는 결과로 나타난다. 열심히 해 봐야 올라갈 때가 없으니 다들 적당히 하는 문화가 자리 잡게 되는 것이다. 내 10년 뒤 모습은 10년 선배를 보면 되고, 20년 뒤 모습은 20년 선배를 보면 알 수 있다. 그렇게 점점 자포자기하게 된다.

공기업이나 준정부기관은 기타 공공기관과 다르게 승진에서도 많은 제약이 따른다. 직급별 정원을 정부에서 관리한다. 따라서 내가 아무리 뛰어나고 승진 연한이 되었어도 빈자리, 소위 티오(T/O)가 없으면 올라가지 못하는 구조다. 기타 공공기관은 이러한 직급별 티오가 없어서 그나마 조금 나은 편이다. 하지만 그렇다고 무턱대고 진급을 시키는 것도 아니다. 인건비 문제가 걸려있기 때문이다.

다섯째, 지방 근무를 감수해야 한다.

노무현 전 대통령을 좋아하던 사람들도 로스쿨이나 지방 이전 이야기만 나오면 원망한다. 따지고 보면 이분이 전적으로 추진한 것도 아니나 이분이 대통령으로 있을 때 본격적으로 시행된 것은 사실이다. 2003년 국가균형발전이라는 원대한 계획을 세우고 시작된 공공기관 지방 이전은 2005년에 이전계획이 만들어졌다. 이후 2007년 10개의 혁신도시가 지정되었고 2012년부터 총 110개 공공기관이 지방 혁신도시로 이전했다. 그리고 아직도 이전하지 않은 기관들도 꽤 있다. 한창 이전 당시에는 채용공고문에 "우리 기관은 2015년부터 진주 혁신도시로 이전 예정입니다."라는 안내 문구가 삽입되기도 했다.

국가 균형발전이라는 원대한 목표를 이룬다는 측면에서는 꼭 필요하지만, 공공기관 직원에게는 매우 부담스러운 제도다. 주중에 외롭게 원룸에서 쓸쓸히 지내다가 금요일 저녁이 되면 녹초가 되어 KTX에 몸을 싣는 공공기관 직원이 한둘이 아니다. 대부분 배우자가 맞벌이하거나 아이들 교육 때문에 가족 전체가 이주하지 않는 경우가 많다. 아이가 어린 사람들이 주로 이사를 온다. 그래서 혁신도시는 주말에 소위 '암흑의 도시' 내지 '죽음의 도시'가 되는 경우가 많다.

공공기관에 입사하면 지방 근무를 각오해야 한다. 원래 자기가 살던 지방에서 입사한다면 상관이 없겠지만 타지역에서 이주해야 하는 사람은 이 점을 꺼린다. 본인이 연고가 없는 지역으로 가는 것은 교육 등의 사유로 주거 지역을 상당히 중시하는 우리 한국인의 습성상 대단히 어려운 문제이기 때문이다. 아무래도 새로운 지역에서의 정착은 많은 고통이 수반되는 동시에 인내가 필요하다. 나도 그랬다. 평생을 수도권에서 살다가 처음 내려온 대전이라는 지역은 절대 만만치 않았다.

금융 관련 공기업은 대부분 서울에 있어서 최근에 인기가 폭발하고 있다. 에너지 관련 공기업은 대부분 지방에 있다. 따라서 이런 곳에 입사하려면 지방 근무를 각오해야 한다. 나는 지금이야 지방 근무를 선호하지만, 지방 근무라면 손사래를 치는 사람도 주변에서 많이 보았다. 그런 사람들은 회사 선택에서 최우선 사항이 근무지가 어디에 있는가이다.

본사를 서울이나 대도시에 두고 있다고 하더라도 지방 각 지역에 지사가 있어서 지방 근무를 해야 하는 경우가 많다. 이 경우 지방 근무를 조건으로 채용하는 사람도 있고 본사 근무로 채용했다가 지사로 발령이나 지방에서 근무하는 경우도 있다. 또한 좌천성 인사로 인해 지방으로 발령 나는 경우도 허다하다. 이런 이유로 첫 근무지가 집 근처나 본사라고 절대로 안심해서는 안 된다. 언제 지방으로 갈지 모른다.

나는 공공기관에 입사할 목표를 세웠다면 지방 근무는 불사해야 한다고 생각한다. 처음에는 막상 외롭고 답답하지만, 시간이 지나면 어느 정도 적응이 된다. 시간은 처음의 뜨거운 열정을 망각하게 만들기도 하지만, 반대로 생각하면 역설적으로 이런 망각이 처음의 어려움을 상쇄시켜 주기도 하는 법이다. 따라서 지방 근무라고 꺼릴 것은 아니다. 또한 지방 근무가 가지는 장점도 분명히 있다. 가령 사택이 나오면 주거비용을 절약하여 재테크하기에 좋고, 거주지를 이전할 것이라면 집값도 서울에 비해 무척 싸다. 신도시로 이주하면 특별분양도 받을 수 있다. 긍정적인 면을 보자! 세계화 시대에 대중교통은 날로 발달하고 있고 우리나라는 대단히 작은 나라다.

4

현직자도 잘 모르는 공공기관의 정의
- 공공기관의 정확한 의미

얼마 전 면접위원으로 참석했다가 놀라운 경험을 했다. 한 지원자의 답변이 계속 마음을 어지럽게 했다. 그 지원자는 왜 지원했냐는 질문에 그저 '저는 정부 기관에서 일하고 싶습니다'라는 말을 되풀이했다. 도대체 '정부 기관'이 어떤 의미인지 알고 이야기한 것일까? 정체도 모호한 '정부 기관'이란 단어의 의미가 과연 무엇일까? 정부 기관이라는 말을 반복해 들으면서 마치 공무원 조직을 염두에 두고 하는 말은 아닐까? 혹은 공공기관을 정부 기관으로 대체해서 부른 것이 아닐까? 하는 생각이 자꾸 들었다. 보다 못한 한 면접위원이 '우리 회사는 정부출연 연구기관이지 정부 기관은 아닙니다. 둘은 분명히 다릅니다'라고 이야기했건만 듣는 지원자는 그 차이를 여전히 모르는 듯

했다. 공공기관에 입사 지원을 한 지원자조차 정확히 파악을 하고 있지 못한데 일반 국민이야 오죽하겠는가? 나는 공공기관에 대한 이야기를 들을 때마다, 이들이 공무원 즉, 정부와 공공기관을 하나로 싸잡아 이야기한다는 인상을 자주 받았다. 공공기관에 지원하는 사람이라면 적어도 공공기관이 무엇이며 본인이 지원한 기관이 공공기관 중 어느 분류에 속하는지 정도는 알고 왔어야 했다. 이처럼 민간이 아니면 죄다 정부 기관인 줄 아는 사람들이 의외로 많다.

언론에서 공공기관에 대한 보도, 주로 부정적인 보도를 하면 나는 독자들이 써 놓은 댓글을 유심히 읽어본다. 읽다 보면 공공기관의 정의에 대해 정확히 이해하고 있는 분들이 거의 없다.

> 민간 기업이 아니면 죄다 공공기관이로구나!
> 공익을 목적으로 하면 죄다 공공기관이로구나!
> 정부조직도 공공기관으로 생각하는구나!

이처럼 공공기관을 정확히 이해하고 있는 사람이 거의 없다. 지원자들도 별반 다르지 않다. 심지어 공공기관에 다니는 직원조차 제대로 이해하고 있지 못하는 경우가 많다. 정부(기관)와 공공기관의 차이를 가장 극명하게 알 수 있는 것이 연금이다. 공무원 연금을 받으면 공무원이지만 공공기관 직원은 국민연금 지급대상이다. 간혹 공공기관 중 교육 기능이 있어 사학연금의 적용대상이 되는 기관도 있기는 하지만 이는 극히 예외적인 경우이다. 이메일로도 구분이 가능하다.

00000@korea.kr 이라는 이메일을 쓸 수 있으면 공무원이고, 공공기관 직원은 @korea.kr 이란 주소를 쓰지 못한다.

매년 초 공공기관의 저승사자라고 하는 기획재정부에서는 공공기관을 지정한다. 이를 공식 명칭으로 '공공기관 지정'이라고 하는데, 여기서 지정이 되면 공공기관이 되는 것이고, 지정이 되지 않으면 공공기관이 아니다. 포털에 접속하여 '공공기관 지정'이라는 검색어를 입력하여보자. 관련 정보를 한눈에 파악할 수 있다.

조금 더 자세히 알아보자. 공익을 목적으로 하는 정부 기관 또는 단체를 공공기관이라고 한다. 하지만 공익을 목적으로 한다고 무조건 공공기관이 되는 것은 아니다. 그럼 공공기관이란 도대체 무엇일까? 공공기관이 되려면 어떤 절차가 필요할까?

공공기관은 기획재정부에서 연초에 매년 지정한다고 앞에서 이야기했다. 이를 '공공기관 지정'이라고 부른다. 공공기관은 매년 지정하기 때문에 일부 기관이 추가되기도 하고 제외되기도 한다.

> **〈공공기관의 정의〉**
> 정부의 투자·출자 또는 정부의 재정지원 등으로 설립·운영되는 기관으로 일정 요건에 해당하여 기획재정부 장관이 매년 지정한 기관
> – 공공기관의 운영에 관한 법률(제4조)

기획재정부에서 공공기관으로 지정하지 않으면 공공기관이 아니

다. 그냥 사단법인 내지 재단법인, 영리단체나 비영리단체일 뿐이다.

공공기관은 크게 3가지로 구분한다.

〈공공기관의 분류〉

공기업	시장형 공기업	한국전력공사, 한국가스공사
	준시장형 공기업	한국철도공사, 한국마사회
준정부기관	기금관리형	국민연금공단, 신용보증기금
	위탁집행형	한국장학재단, 도로교통공단
기타 공공기관	-	서울대병원, 예술의전당 등

이 외에 지방공공기관이 있다. 서울시 산하 공공기관, 부산시 산하 공공기관 등이 대표적 예이다.

우리가 흔히 착각하는 것이 공무원과 공공기관의 차이다. 흔히 넓은 의미에서 공공기관이라 함은 공무원까지 포함하는 경우가 많다. 따라서 공공기관의 의미를 혼동하지 않도록 그때그때 상황에 맞춰 이해해야 한다. 앞에서 이야기한 것처럼 공무원과 공공기관의 가장 큰 차이는 연금이다. 공무원은 공무원연금 적용 대상이고 공공기관은 철저하게 국민연금이다. 따라서 공무원연금인지 국민연금인지 확인해보면 공공기관인지 공무원인지 구분할 수 있다.

그럼 공공기관은 어떻게 정의되는 걸까?

공공기관 지정에 대해 명시하고 있는 법이 우리가 흔히 '공운법'이라고 부르는 '공공기관의 운영에 관한 법률'이다. 이 법에 공공기관에 대해 자세히 나와 있다. 그리 길지 않으므로 한 번 읽어보시기를 권한다.

공운법에서 규정하는 것은 공공기관 지정, 공공기관 경영공시, 공공기관 임원 임명, 공공기관 채용, 공공기관 결산, 고객만족도조사 등이다. 자세한 공공기관의 분류 등은 해당 자료를 검색하면 되고, 이 책에서 논하는 목적도 아니므로 생략하기로 한다.

최근에 공공기관의 종류에 '연구목적기관'이라는 것이 추가되었다. 연구목적기관이란 기존의 '기타 공공기관'에 속하던 기관 중 연구를 목적으로 하는 기관만 따로 추려낸 것이다. 왜 추려냈을까? 이들은 연구 자율성 확보와 우수연구자 유치, 인력 활용에 있어서 다른 공공기관과 같은 잣대로 규제를 할 수 없기 때문이다. 그래서 연구목적기관을 만들어 다소 간의 자율성을 추가로 허용하고 있다.

5

지방 근무는 숙명이다?
- 공공기관 지방이전 이야기

여기서는 앞에서 잠깐 언급한 공공기관 지방 이전에 대해 자세히 이야기해보도록 하겠다. 공공기관 지방 이전은 공공기관에 근무하는 직원에게는 삶과 직결되는 문제이므로 대단히 민감하고도 핵심적인 이슈이다. 몇 년 전 내가 잘 아는 한 공공기관에서는 세종시 지방 이전을 두고 전 직원 투표를 했다. 서울 강남구에 위치한 이 기관은 공공기관 이전 대상에 운 좋게도(?) 포함되지 않았다. 하지만 추가 이전 대상으로 지정될 확률이 매우 높았다. 그럴 바에 수도권과 가까운 곳으로 이전하는 선수를 치자는 의견이 있어 전 직원 투표를 하기에 이른 것이다. 결론적으로 투표는 부결되어 세종시 이전은 무산되었지만, 이 기관은 몇 년 후 결국 지방 이전(세종시가 아닌 다른 곳) 대상 기관이 되고 말았다.

지역 균형발전이라는 대명제의 달성을 위하여 지방 열 곳에 혁신도시가 지정되었고 혁신도시에는 수도권에 집중한 공공기관의 분산배치가 추진되었다. 강원도 원주, 충북 진천·음성, 전북 전주·완주, 전남 나주, 경북 김천, 대구광역시, 경남 진주, 울산광역시, 부산광역시 이렇게 총 10곳이다. 최근에는 여기에 대전과 충남이 혁신도시로 추가 지정되었다. 총 12곳인 셈이다. 그리고 실제 혁신도시로 수많은 공공기관이 분산 배치되었다. 가령 한국전력은 서울에서 나주로, 한국도로공사는 김천혁신도시로, LH공사는 진주로 이전한 것이 대표적인 예이다.

공공기관 지방 이전은 공공기관 근무 형태에 큰 변화를 가져왔다. 지방 이전으로 인해 수많은 사람이 가족과 이별하여 지내게 되었다. 자녀가 어느 정도 성장한 가정이라면 전체 가족이 이주하지 않고 해당 직원만 이동하는 경우가 많다. 우리나라에서 다른 무엇보다 중요시되는 교육 때문이다. 그래서 혁신도시에 막상 가보면 주말에는 마치 고요한 죽음의 도시가 된다. 주중에만 근무하고 주말에는 각자의 집으로 가기 때문이다.

일부 혁신도시는 수도권과 상대적으로 가까워 심지어 출퇴근이 가능해 본인도 이주하지 않는 경우까지 있다. 매일 버스를 타고 서울에서 혁신도시까지 출퇴근한다. 충북혁신도시가 대표적이다. 진천과 음성 경계점에 위치해 서울에서 출퇴근이 충분히 가능하다. 이것은 공무원도 마찬가지다. 세종시에는 서울이나 수도권 각지에서 출퇴근하는 공무원들이 무척이나 많다. 출퇴근 시 버스를 타는 모습을 보고 있노라면 지방 이전 취지가 퇴색되었다는 인상을 떨칠 수가 없다.

공공기관에 취업하려면 지방 근무는 감내해야 한다. 공공기관이 대부분 본사가 지방에 있으므로 지방 근무는 이제 선택이 아닌 필수가 돼버렸다. 또한 본사가 서울에 있다고 해도 지사가 지방 곳곳에 있는 공공기관들이 아주 많다. 한국도로공사나 한국농어촌공사가 대표적이다. 이런 이유로 설사 입사 자체를 본사나 서울로 하거나 첫 근무지가 수도권이라고 해도 언젠가는 지방 근무를 할 가능성이 아주 높다. 심지어 격오지 근무도 각오해야 한다. 따라서 공공기관에서 일하려면 지방 근무에 대한 거부감이 없어야 한다.

과거 나는 현대아산이라는 대북사업을 하는 현대그룹 계열사에서 약 5년간 근무한 적이 있다. 그때 최종면접에서 가장 유심히 물어보던 질문이 '북한에서도 근무할 수 있습니까?'였다. 이 질문은 5명의 최종면접자에게 했던 공통질문으로 내가 가장 마지막에 답변했다. 첫 면접자는 '북한에서 근무는 어려울 것 같습니다'라고 대답했고, 두 번째 면접자는 '근무는 가능하나 가급적 남한에서 근무하고 싶습니다'라고 답변했다. 세 번째와 네 번째 면접자는 그저 '북한에서도 근무할 수 있습니다'라고 대답했고 이윽고 내 차례가 되었다. 나는 무엇인가 강력한 것이 필요하겠다고 생각하여 '저는 북한에서 근무하는 줄 알고 지원했습니다. 아니었습니까?'라고 대답했다. 당연히 나만 합격한 것은 우연이 아니었다.

지방 근무에 대해 거부감을 가지지 말자. 오히려 숙명이라고 생각하자. 우리 인간은 인생을 살면서 때로 본인도 어찌할 도리가 없는 부분이 있음을 인정해야 한다. 그런 순간에는 받아들여야 한다. 그것이 미덕이다. 좋게 생각하자. '나는 지방 근무를 위해 공공기관에서 일하고자 한 것이라고'. 이렇게 생각해야 마음이 편하다.

나는 대전의 공공기관으로 이직하면서 대전에서 오랜 기간 살다가 세종시가 개발되면서 아파트를 분양받아 지금은 세종시에 살고 있다. 기존에 살던 곳은 경기도 고양시 즉, 일산신도시였는데, 일산생활에 너무 익숙해져 처음 대전에 내려와 생활할 때 다소 어려움을 겪었다. 대전에서의 생활에 대해 대전에 살던 동료들에게 많은 이야기를 들었음에도 전혀 적응이 되지 않았다. 하지만 사람 사는 곳은 어디나 비슷하다. 적응의 문제가 남을 뿐이다. 첫 6개월은 내 고향과도 같던 일산신도시가 자꾸 생각이 났지만, 이제는 완전히 적응되어 일산을 추억의 도시로만 생각하고 있다. 그렇다. 사람은 원래 그런 동물인 것이다. 공기도 좋고, 집값도 싸고, 차도 안 막히고 여러모로 생활하기에 편하다. 주말이면 공주, 청주, 부여, 청양, 군산, 옥천 등등 인근 도시로 당일치기 여행을 하기에도 너무 좋다. 단점이 있다면 장점도 있는 법이다. 변화를 두려워해서는 안 된다.

얼마 전 한국서부발전이라는 한국전력 발전자회사를 방문한 적이 있다. 이곳은 대한민국 전력의 10% 정도를 담당하는 화력발전소다. 이 회사는 서울에 있다가 몇 년 전 충청남도 태안으로 본사를 이전했다고 한다. 막상 가본 태안군은 대도시에 비하면 정말 발전이 되지 않은 곳이었다. '다들 참 외지에서 고생하겠구나' 하는 생각을 했다. 하지만 그렇게만 바라볼 일이 아니다. 다니다 보면 익숙해진다. 너무 지방 근무에 대해 스트레스받지 말자. 이런 상상을 하자. '손바닥만한 대한민국에서 어디 살던 무슨 상관인가?'. 마인드를 바꾸면 지방도 아름다운 삶의 장소가 된다. 인식의 전환! 그것이 중요하다.

공공기관을 다니며 지방 생활을 하지 않으려는 것은, 공공기관을 다니지 않겠다는 말과 다를 바 없다.

6

여기가 공공기관인가요?
- 공공기관과 비슷하나 공공기관이 아닌 곳

공공기관의 정확한 정의에 대해 제대로 파악하고 있지 못하거나 다소 왜곡된 시각을 가진 분들이 의외로 많음은 앞에서 이야기한 바와 같다. 나 역시 공공기관에 근무하기 전까지는 자세히 몰랐다. 심지어 내가 다니는 공공기관에서도 공공기관의 적확한 의미를 모르는 사람이 태반이다. 관심이 없으면 알 수 없는 법이니까. 하지만 적어도 공공기관을 준비하는 상황이라면 최소한의 공공기관에 대한 지식은 가지고 있어야 한다.

공공기관은 기획재정부에서 매년 지정한다는 것은 앞에서 설명한 바와 같다. 즉, 기획재정부에서 매년 초 공공기관 지정을 하는데, 여기서 지정이 되지 않으면 공공기관이 아니다. 실제 매년 새롭게 공공기관이 추가되고, 또 반대로 해제되기도 한다. 추가된 공공기관은 공공기관이 아니었다가 공공기관으로 편입된 것이고, 해제된 기관은 본래 작년까지만 해도 공공기관이었다가 이제는 공공기관이 아니게 된 것이다. 공공기관에서 해제되는 이유는 여러 까닭이 있겠지만 가장 핵심은 공공성이 강조되기보다는 민간의 영역에 맡겨야 할 여러 사유가 발생했기 때문이다. 따라서 공공기관 지정의 언저리에 걸쳐 있는 기관들도 취업의 측면에서는 유심히 지켜보아야 할 대상이기도 하다.

〈언론에 이슈가 된 공공기관 지정 기사 제목들〉

-예탁결제원, 부산 떠날까…공공기관 지정 해제 파장

-7년 만에…한국거래소 다시 공공기관 되나

-금감원 공공기관 지정 논란, 내년에 또 나올라

-해양진흥공사 공공기관 지정…부산항보안공사는 공공기관 지정 해제

기획재정부에서 지정하는 공공기관은 중앙공공기관이다. 중앙공공기관은 나라를 대표하는 공공기관이란 뜻이며, 반대로 지방을 대표하는 공공기관들도 있다. 이를 우리는 지방공공기관이라 부른다. 지방공공기관은 중앙공공기관과는 다르게 기획재정부의 공공기관 지정과는 무관하다. 지자체별로 필요에 의해 설치하고 그 감독과 통제를 행정안전부에 일임할 뿐이다. 지방공공기관도 엄연한 공공기관이며, 지금부터 이야기할 우리가 잘 모르는 그렇지만 꽤 매력 있는 공공기관이다.

나는 공공기관 취업에 대한 이야기가 나올 때마다 신도 모르는 직장을 언급하며 항상 지방공기업과 협회를 이야기한다. 그러면 왜 나는 '지방공공기관'과 협회(엄밀하게 공공기관은 아니지만, 공공기관과 유사)에 대해 강조하는 것일까? 이들은 기획재정부의 공공기관 지정이라는 트랙을 거치지 않지만, 실질은 공공기관과 다를 바 없는 알짜배기 기관이다. 이런 기관들은 사실상 일반인들은 잘 알지 못한다. 정보가 지나치게 차단되어 있기 때문이다. 실제 이런 기관에 다니는 분들에게 물어보면 본인들도 이런 기관이나 협회가 있는지도 몰랐다고 하는 경우가 대부분이다. 우연히 알게 되었다는 것이다. 지방공공기관은 다른 말로 지방공기업이라고도 하는데 그 정의는 다음과 같다.

〈지방공기업〉

지방자치단체가 직접 설치·경영하거나, 법인을 설립하여 경영하는 기업을 말한다. 1969년 제정된 지방공기업법에 따라 지정, 관리된다.

직접경영	지방 직영기업	상수도, 하수도, 주택사업 등 인프라
간접경영	경상경비의 5할 이상을 경상 수입으로 충당하는 사업	체육, 관광 등

이런 기관들을 일반인들은 잘 알지 못하고 쉽사리 알 수도 없다. 많이 숨겨져 있고 채용도 대규모 공채보다는 그때그때 결원이 생길 때 수시로 보충하는 경우가 많기 때문이다. 따라서 이런 고급정보를 알려면 남들보다 훨씬 더 부지런해야 한다.

지방 공공기관을 다니는 한 친구의 말에 의하면 공무원의 간섭이 아주 심하다고 한다. 일반화시킬 수는 없지만 그럴 확률이 아무래도 높지 않을까 생각한다. 지자체 공무원 중 일정한 나이가 되도록 진급을 못 하면 옷을 벗고 산하 공공기관 간부로 오는 경우를 나 역시 심심찮게 보아왔기 때문이다. 이들이 지방공기업으로 입사하여 기존의 인력들과 잘 동화되면 별문제 없겠지만 이런 경우는 거의 없다는 것이 나의 확고한 신념이다. 소위 직장 분위기를 망치는 것이다.

무슨 '시설관리공단'이니 '발전연구원'이니 하는 곳들이 죄다 지방 공공기관이다. 내가 사는 세종시는 '세종도시교통공사'가 대표적인 지방 공기업이다. 이런 기관들은 지자체의 시설을 관리하거나 지자체의 위탁을 받아 운영하는 곳이 대부분이다. 세종도시교통공사 역시 세종시 관내의 모든 대중교통을 운영한다. 지방공기업은 중앙 공공기관에 비해 대체로 급여 수준은 짜다. 입사 시 이 점도 고려해야 한다. 특히 시설관리공단 계열은 공무원과 거의 같은 수준이라고 보면 된다.

협회는 그야말로 천차만별이다. 한국철강협회, 대한조선협회 등이 이런 곳인데, 협회는 쉽게 말해 관련 업계 기업들의 연합체라고 생각하면 된다. 즉 철강회사들이 모여 협회를 만들었고 협회는 철강회사의 회비로 운영된다. 한국소프트웨어진흥협회는 소프트웨어 기업들의 연합체이다. 수천 개의 소프트웨어 회사의 회비로 운영이 되며 그들의 이익을 대변하는 단체가 된다. 이런 협회는 워낙 그 종류가 다양하고 형태도 천차만별이라 일관된 기준에 의해 무엇이라고 말하기도 어려운 경우가 많다. 협회를 가장한 일반적인 회사들도 많기 때문이다. 간혹 공공기관의 이름을 가진 회사인데 알고 보면 공공기관과는 전혀 상관이 없는 그런 회사도 있으니 유의해야 한다.

협회는 정보력이 대단히 중요하다. 특히 현직자의 조언이 필요하다. 다녀보지 않으면 알 수 없는 비밀이 많기 때문이다. 경영공시도 없고 정부의 간섭도 거의 받지 않는다. 정말 좋은 곳도 있고 나쁜 곳도 있다. 옥석을 잘 가리는 지혜가 필요하다. 취준생에게 가장 관심이 많은 급여 수준은 대체로 관련 업계를 따라간다고 생각하면 된다. 대체로 유통이나 관광 업계는 급여가 짜고 중공업, 화학, 기계 쪽이 연봉이 세다.

흔히 신이 내린 직장이 있고 그 위에 신이 부러워하는 직장이 있으며 그 위에는 신도 모르는 직장이 있다고 한다. 신이 내린 직장이 공기업이라면 신도 부러워하는 직장은 우리가 소위 메이저 공기업으로 부르는 금융 공기업이고 가장 강력하다는 신도 모르는 직장이 협회라는 우스갯소리가 있다. 대우는 공기업 수준이면서 지휘와 통제, 간섭은 거의 없는 조직이 메이저 협회이기 때문이다. 가령 철강협회의 예를 들자면 대우는 대기업 수준이고 정년도 보장되는 알짜배기 회사이다. 협회장은 보통 회원사 중 굵직한 곳의 대표이사가 겸직하므로 사무총장이나 사무국장이 실질적인 운영을 책임진다.

7

중요한 건 직장에 대한 철학
- 모래알이나 바위나 물에 가라앉기는 매한가지

대학을 졸업하고 처음 직장생활을 시작했을 때, 아버지께서 나에게 하신 말씀이 있다. 우리 삶에도 철학이 있어야 하듯이, 직장생활에도 나름대로 철학을 가지고 살아야 한다는 것이었다. 나는 당시 그 말의 의미를 정확하게 이해하지 못했다. 하지만 20년이 지난 지금에서야 어렴풋이 그 심오한 의미를 조금이나마 알 것 같다. 직장생활 아니 사회생활을 하는 데 있어서 나의 중심을 잡아줄, 다시 말해 구심점이 되어 줄 무엇인가가 필요하다는 말이리라. 그게 있어야 힘들고 어려운 일이 닥쳐도 좌절하거나 무너지지 않고 이겨낼 수가 있으니까. 간혹 잦은 이직을 하거나, 조직 내에서 융화되지 못하고 주변인으로서 사는 분들을 본다. 심지어 극단적인 선택을 하는 분이 생기는 것을 종종 보면 다 이런 부분이 결여된 측면이 있지 않을까 하는 생각이다.

　간혹 공공기관을 준비하는 취업준비생에게 물어본다. 공공기관에 왜 가려고 하냐고? 그러면 답변은 한결같다. 나라를 위해 봉사하고 싶다는 마음가짐. 하지만 그건 겉으로 드러나는 명목상의 이유일 뿐이고 마음속으로는 정년이 보장되는 안정적 직장, 대기업 수준의 보장된 급여, 그리고 워라벨(Work and Life Balance) 즉, 일과 삶과의 조화이다. 하지만 앞에서도 여러 차례 말했듯이 공공기관의 실제 모습이 그렇지도 않을뿐더러 그것만 바라보기에는 다소 불편한 생각이 든다. 특히 연봉 얼마에 기관을 위아래로 나누는 그런 사람들을 볼 때마다 가슴 한구석이 먹먹해지는 것도 사실이다. 그런 구분이 얼마나 부질없고 의미가 없는가는 회사를 다니다 보면 자연스레 알게 되니까.

　정확하지 않은 정보로 준비도 되지 않은 상황에서 공공기관에 지원해서 운 좋게 합격했다고 치자. 막상 천신만고 끝에 입사하면 찬란한 미래가 여러분에게 다가올 것 같지만 실상은 전혀 그렇지 않다. 실망과 후회, 그리고 불확실한 미래에 대한 괴로움뿐이다. 누구나 다 그렇다. 외부에서 보기에는 매력적으로 보이건만 막상 다녀보면 소소하고 지저분하고 구질구질함을 알 수 있을 것이다. 하지만 우리 인생이 언제나 고상하거나 품격이 높지는 않기에 소소하고 지저분하고 구질구질함의 극단을 달리는 일에도 우리는 적응해야 한다. 그리고 받아들여야만 한다. 그런 답답함과 구질구질함 속에서 희망을 찾아야 하고 또한 미래를 바라보아야 한다. 그게 우리 인생이다.

아무리 주위에서 부러워하는 직장일지라도 정작 본인은 만족하지 못하는 경우가 많다. 나는 살면서 이런 경우를 자주 보아왔다. 남들이 부러워하는 직장을 어렵게 들어와서 적응하지 못하고 떠나는 사람들을. 이런 이유로 공공기관에 입사할 때는 최소한 정확한 정보를 가지고 충분히 판단한 후 굳은 결심을 하고 들어 왔으면 좋겠다. 정작 입사 후 '헉! 이런 회사였다니' 하는 식의 반응을 보이면 곤란하다. 만일 그렇게 된다면 본인 스스로에게도 엄청난 손해일 뿐 아니라 기관에도 나아가 사회적으로도 손해다. 직원 1명 채용하는 것이 아무 일 아닌 것 같아도 생각보다 비용도 많이 들고 품도 많이 가며 시간도 오래 걸린다. 대체자를 뽑을 때까지 얼마나 더 기다려야 하는지도 모른다. 또 내가 아니면 다른 사람이 채용될 수 있었는데 그 사람에 대한 기회비용은 어떻게 할 것인가? 따라서 공공기관에 입사하려고 마음먹었으면 공공기관의 생리와 장단점에 대해 잘 알고 지원해야 한다. 너무 많은 기대를 하지 않는 편이 좋다.

얼마 전 뉴스에서 '중국은 대학생 창업자 40만 명, 한국은 공시생 40만 명, 이래서 대한민국의 미래가 보일까?'라는 기사를 본 적이 있다. 이 기사를 보고 엄청 충격을 받았다. 너도나도 할 것 없이 우수한 인재들이 공무원이나 공공기관으로 모이는 현실이 너무나 안타까웠다. 물론 공공기관으로 간다고 해서 자기 꿈을 펼칠 수 없는 것은 아니다. 공공기관 내에서도 자기 꿈을 충분히 펼칠 수 있고 근무 경력을 바탕으로 사기업으로 전직하든가 창업을 할 수도 있다. 하지만 불행히도 그런 굳센 의지는 공공기관을 다니면서 점차 사라지고 희석된다. 경험해 본 사람은 안다. 조직은 사람의 그 뛰어난 열의와 결기를 시간을 통해 희석한다.

우리 인생에도 철학이 필요하듯 직장 선택에도 철학이 필요하다. 나만의 뚜렷한 철학을 가지고 직장생활을 시작해야 어렵고 힘든 시련이 닥치더라도 이겨낼 수 있다. 어떠한 외풍에도 끄떡없이 버틸 수 있다. 인생과 직장에 대한 철학을 가지고 살아가는 사람이 향기가 난다. 난 이 책을 읽는 우리 취업준비생 모두 그런 마음을 가지고 살았으면 좋겠다.

공공기관에 대한 정보는 어디서 얻을까?

해당 기관 홈페이지에 접속해보자. 홈페이지에 엔간한 정보는 다 있다. 여기서 공개되지 않은 정보는 '알리오'라는 경영공시 홈페이지에 가면 된다. '알리오'는 'ALIO(All Public Information In One)'의 약자로 공공기관의 기관정보 및 경영정보를 충실히 담고 있다. 여기서 특정 공공기관에 대한 대부분의 정보를 찾아볼 수 있다.

경영공시는 경영 투명성 및 국민 감시 기능을 강화하기 위하여 최근 5년간 주요 경영정보를 공시한다. 공시 사항이 대단히 세부적이고 치밀하기에 나 역시 공공기관에 대한 정보를 얻을 때 알리오를 자주 활용한다. 심지어 내가 근무하는 기관의 정보가 필요할 때도 알리오에 접속하곤 한다. 가령 이사 명단, 기관장 임기, 기관 고유 임무 등등 찾아봐야 할 자료가 너무나 많다. 알리오 공시를 제대로 하지 않으면 '기관벌점'이 부과되고 이게 누적되면 기관장 경고까지 받을 수 있기 때문에 각 기관에서는 경영공시를 기관의 사활적 이익이 걸린 문제로 인식하고 정확한 공시에 만전을 기하고 있다.

특히 공공기관 채용정보는 알리오에서 취업 분야를 특화한 '잡알리오(www.job.alio.go.kr)'를 통해 확인할 수 있다. 공공기관이라면 채용공고를 낼 때 잡알리오에 이를 의무적으로 공시해야 하므로 잡알리오에는 모든 공공기관 채용정보가 실시간으로 올라와 있다. 채용의 보고인 셈이다. 나 역시 공공기관에 취업하거나 이직을 할 때 알리오 정보를 적극적으로 활용했다. 알리오에서 채용 지역이나 정규직 유무 등을 선택하여 조회할 수도 있으므로 잘 활용하면 큰 도움이 된다.

그렇다면 알리오에서도 없는 정보는 어떻게 찾을까? 다양한 루트를 통해 검색하면 된다. 가장 좋은 것은 '기관 소개자료'를 보는 것이다. 공개 자료로 구글 등에서 검색하면 쉽게 찾을 수 있다. 검색을 통해서도 찾을 수 없다면(정말 알아야 할 자료라면!) 해당 기관에 '정보공개청구'를 하면 된다. 정부24나 정보공개포털에 접속하여 정보공개청구를 하면 궁금하지만 민감한 사항에 대해 속속히 알 수 있다. 정보공개청구를 하면 정부를 경유한 공식 문건으로 접수되기 때문에 각 공공기관에서는 이를 대단히 중요시하고 있다. 정해진 기간 내에 답변해야 하는 의무 때문에 정성을 다해 답변하고 있다. 그만큼 국민의 알 권리는 중요한 것이다.

　참고로 정보를 제대로 얻기 위해서는 정보공개청구를 아주 잘해야 한다. 여기서 잘해야 한다는 의미는 무엇일까? 알고자 하는 정보의 청구범위를 잘 획정해야 한다는 말이다. 본래 질문이 좋아야 답변도 좋은 법이다. 질문이 구체적이면 답도 구체적으로 나온다. 가령 '채용계획' 향후 1년 치를 달라고 하는 것보다 '기관에서 계획 중인 향후 1년간의 정규직 채용계획, 무기계약직 전환계획, 계약직 채용계획'을 달라고 하자. 이러면 '확정된 것이 없다'는 답변이 올 것이다. 따라서 준비 중인 것도 모두 달라고 해야 한다. 그리고 추가로 최근 직근 3년간 채용공고문, 실제 채용실적을 달라고 해야 한다. 여기에 평균나이, 성비 등을 추가로 요구하면 보다 구체화한 정보를 얻을 수 있다(물론 비공개 요건에 해당한다고 공개 안 할 수도 있음).

　공공기관에 대한 정보는 '공수모' 카페 등 공공기관 채용 관련 커뮤니티에서도 얻을 수 있다. 해당 카페에 가입해 권한 있는 회원이 되자. 그러면 공공기관 관련 자료를 조회할 수 있다. 여기서 '검색어 키워드'를 넣어 해당 기관을 검색해보자. 해당 기관에 대한 대부분의 자료가 검색된다. 이 자료들을 차근차근 읽어보면 공공기관에 대한 정보를 얻을 수 있다.

또한 언론 보도 자료나 뉴스 기사들도 찾아보자. 여기서 해당 기관이 어떤 이슈가 있는지 잘 알 수 있다. 보도 자료는 주로 우호적인 기사를 기관 차원에서 언론용으로 내보내는 것이라고 이해하면 된다. 뉴스 기사들도 대부분 홍보용이다. 너무 신뢰는 하지 말고 '이런 게 있다' 정도로 이해하면 된다.

가장 확실한 정보는 '현직자'에게 얻는 것이다. 이게 안 되면 '퇴직자'에게 얻어도 된다. 현직자는 기관 사정을 너무도 잘 알고 있으므로 현직자에게 물어보면 정확한 답변을 얻을 수 있다. 이건 '인맥'을 통해야 가능한 것이므로 사실상 쉽지는 않다. 또한 현직자들은 기관에 대해 '부정적'인 이야기할 가능성이 크다. 이런 점을 고려해야 한다.

이 외에도 '경영실적 평가보고서'라든가 '공공기관 실정 보고'처럼 알토란 같은 자료가 '구글'에 많이 떠돌아다닌다. 구글 키워드 검색을 통해 위 자료를 구해 읽으면 보다 구체적이고 정확한 정보를 얻을 수 있다.

부지런한 새가 벌레를 잡아먹기 마련이듯 이러한 정보도 결국 적극적 의지를 가진 자가 얻을 수 있는 법이다.

제2장

공공기관 취업을 결심하다

8

공공기관 적합형 인재가 과연 존재할까?
- 공공기관 맞춤형 인간되기

어느 세계나 그 세계만의 룰이 있다. 절이 싫으면 중이 떠나야 하는 법이다. 그 세계에서 살아남기 위해서는 철저하게 그 세계를 분석하고 그에 맞는 대응 전략을 짜야 하며 그것을 행동으로 옮겨야 한다. 공공기관 취업 역시 마찬가지다. 취업 성공을 위해서 공공기관에 입사할 수 있는 전략을 짜고 실천에 옮겨야 한다. 이 모든 것이 혼연일체가 되어 하나로 움직일 때 우리는 우리가 원하는 바를 손에 넣을 수 있다.

무엇인가를 목표로 할 때는 주위를 분산시키지 않고 그 목표를 달성하기 위하여 삶을 단순화하고 집중할 필요가 있다. 공공기관 입사를 위해서는 '공공기관 맞춤형 인간'이 될 필요가 있다. 최적의 공공기관 맞춤형 인간! 그래야 공공기관에 입사할 수 있고 입사해서도 낙오하지 않고 원만하게 직장생활을 할 수 있다.

그럼 공공기관 맞춤형 인간이란 무엇일까? 우리 쉽게 생각해보자. 공공기관은 일반 기업과 달리 공공기관만이 가지고 있는 고유의 특성이 있다. 공공기관의 이러한 특성을 잘 모르는 사람들, 특히 사기업만 다녀본 사람은 이런 공공기관의 생리를 알게 되면 깜짝 놀란다. 내 주위에도 사기업에 다니다가 이직한 사람들이 꽤 되는데 이들은 모두 하나같이 '공공기관이 이런 곳인 줄 몰랐어요!'라고 이구동성으로 이야기했다. 그만큼 공공기관 적응이 쉽지 않다는 말이리라. 익숙함과의 결별이 생각보다 쉽지 않은 것이다. 그럼 일반 사기업은 공공기관과 어떤 차이가 있을까?

사기업은 본질적으로 영리를 추구한다. 사기업의 존재 이유는 지속 가능한 경영과 이윤 추구이다. 즉, 지향하는 바가 공공기관과 애당초 다르기 때문에 양자는 기차 레일처럼 수렴하는 부분이 전혀 없다. 가령 내가 현재 근무 중인 정부출연연구기관의 예를 들어보자. 정부출연연구기관은 예를 들자면 한국원자력연구원이나 한국에너지기술연구원, 한국기계연구원, 한국항공우주연구원, 한국화학연구원과 같은 곳이다. 이런 곳은 영리 추구가 주목적이 아니다. 정부의 연구비 지원을 받아 해당 분야의 연구를 수행하여 결과물을 내면 된다. 가령 정부에서 출연금을 받거나 정부에서 추진하는 국가연구개발사업 과제에 응모하여 연구비를 받아 연구를 수행한다. 그 결과로 연구결과물

(보고서, 논문, 특허, 저작권 등)을 만들어낸다. 이처럼 모든 공공기관은 그 고유의 목적이 있다. 어느 공공기관이나 '정관'이라는 것이 있는데, 이 정관을 보면 기관의 존재 이유를 알 수 있다.

다시 강조하지만, 기업의 존립 목적은 지속 가능한 경영과 이윤의 추구이다. 안정적으로 꾸준히 돈을 버는 것을 최종 목표로 한다. 제품을 만들거나 서비스를 제공해 이익을 얻는다. 하지만 정부출연연구기관은 연구개발을 해서 연구 성과를 내는 것을 주목적으로 한다. 쉽게 말해 돈을 버는 기관이 아니라 쓰는 기관이다. 1년 예산이 1,000억 원이라고 가정하면 1,000억 원이라는 돈을 적시 적소에 써야 한다. 연구비는 크게 인건비, 연구비, 간접비로 구성되는데, 이는 통상 노무비, 재료비, 경비로 구성된 일반적인 원가 개념과 유사하다. 이렇게 연구비를 시장에서 적절히 사용하면 그 비용은 내수 경기 진작에 소중히 쓰인다. 국가 재정학적 입장에서 꼭 필요한 '써야 할 돈을 쓰는' 필수불가결한 비용 집행인 셈이다.

이러한 사기업과 공공기관의 차이를 잘 이해해야 공공기관 맞춤형 인간이 될 수 있다. 좀 더 거시적으로 이야기해보자. 우리나라에는 국가 살림살이를 도맡아 하는 기관이 있다. 어디일까? 바로 기획재정부다. 기획재정부 입장에서 보면 1년 국가 예산을 적시 적소에 적절하게 배분하여 사용하게끔 해야 한다. 이렇게 사용된 국가 예산은 국내 경제를 돌아가게 하는 피와 같은 역할을 한다. 이러한 메커니즘 속에서 각 기관이 예산을 남김없이 사용하면 그와 연관된 산업이 돌아가는 것이다. 그래서 돈을 계속 회전할 수 있도록 돌려야 한다. 돈의 흐름이 멈춰버리면 말 그대로 '돈의 동맥 경화', 경기 침체가 발생하고 이게 걷잡을 수 없이 커지면 '공황'이 발생하는 것이다. 다소 경제학적 의미이기는 하지만 여기서 자유로울 수 없는 것이 바로 공공기관이다.

공공기관은 종류가 무척 다양하다. 행정안전부에서 관장하는 지방공기업부터 해서 '공공기관의 운영에 관한 법률'에 규정하는 공기업, 준정부기관, 기타 공공기관, 연구목적기관이 있다. 이들은 공공기관임에도 각기 다른 성향과 특징을 가지고 있다. 가령 공기업도 시장형이 있고 준시장형이 있다. 준정부기관도 국가의 돈을 맡아서 관리하는 기금관리형이 있고 국가의 업무를 대신해서 처리해주는 위탁집행형이 있다. 기타 공공기관도 기관마다 천차만별이다. 따라서 '공공기관은 이러이러하다'라고 말할 수 있는 공통분모도 분명히 존재하겠지만 그렇지 않은 부분도 분명히 있다. 이런 공공기관 조직 메커니즘에 대한 이해가 없이는 공공기관 맞춤형 인재가 될 수 없다.

공공기관 취업을 목표로 한다면 본인이 목표로 하는 공공기관의 특징을 잘 이해하고 그에 맞추어 체계적이고 치밀하게 준비해야 한다. 그래야 공공기관에 입사도 성공하고 입사하고 난 후에도 잘 적응할 수 있다. 아무 준비도 없이 스펙과 면접만으로 털커덕 입사했다가 본인의 생각과 실제 공공기관의 현실적인 차이, 즉 이질감으로 인해 실망하여 회사를 떠나는 사람을 너무도 많이 보아왔다. 이게 다 공공기관 맞춤형 인간으로 준비가 되어 있지 않기 때문이다.

　모든 선택은 본인이 하고, 모든 행동에 대한 책임도 본인이 져야 한다. 누가 대신 책임져주지 않는다. 나 스스로 공공기관에 대해 잘 이해하고 내가 목표로 하는 기관에 대한 꾸준한 준비를 통해 입사하는 것이 중요하다. 하지만 그곳에서 내 역량을 잘 발휘할 수 있도록 치밀하게 준비하는 것도 이에 못지않게 중요하다고 할 수 있다.

9

한 방에 안 가도 된다
- 공공기관에 전략적으로 입사하기

목적지로 가는 길은 한 길만 있는 것이 아니다. 여러 개의 길이 있다. 한라산에 올라갈 때도 관음사 코스가 있고 성판악 코스도 있다. 이 외에도 여러 등산 경로가 있다. 어느 코스로 올라도 결국 정상에서 만나게 되어 있다. 목적을 달성하는 방법 또한 이와 다르지 않다. 어느 과정을 거쳐도 결국 정상에서 만나게 된다.

우리가 인생을 살아가는 것도 한 가지 길만 있지 않다. 우리는 어떤 방식으로 나아갈 것인지 고민하고 결정해야 한다. 일단 결정한 후에는 밀어붙여야 하고 그에 대한 책임 역시 본인이 져야 한다. 때론 시련이 닥쳐오고 때론 좌절하겠지만 그 역시 자신의 노력으로 이겨내야 한다. 이런 과정을 거치면서 아픈 만큼 성숙해지고 강한 사람으로 거듭나는 것이다. 내공이 약한 사람들은 위기와 시련이 닥치면 거기서 좌절하고 쓰러진다. 버텨내지를 못한다. 나도 그런 경우를 수없이 보아왔다.

공공기관에 입사하는 길도 한 가지 길만 있는 것이 아니다. 다양한 방법이 있다. 단지 우리가 모르고 있을 뿐이다. 모르는 것이 부끄러운 것은 아니다. 하지만 이 말은 알면 더 많은 기회가 있을 수 있음을 역설적으로 암시하고 있다. 이런 이유로 많이 알아야 한다. 많이 알기 위해 노력해야 한다. 거미줄을 펼친 거미가 먹이를 잡는 법이다. 정보의 안테나를 켜고 고정관념에서 탈피하여 세상 모든 것을 겸손하게 흡수할 자세가 되어야 한다. 그래야 세상에서 능동적이고 진취적으로 살 수 있다.

공공기관 취업을 목표로 삼았다면 그에 상응하는 행동을 해야 한다. 그리고 미리미리 그것에 맞게 움직여야 한다. 나는 무엇인가를 하려고 할 때 최대한 정보를 모아서 내 손에 쥐고 요리조리 만지작거린다. 나는 이런 상황을 조금 불량한 용어로 '껄렁껄렁 댄다'고 하는데, 소위 내가 건방져지는 상황이다. 이 상황으로 자신을 내몰고 궁리를 시작한다. 어떻게 내가 원하는 것을 얻을 것인가? 어떤 방법으로 최선의 선택을 찾을 것인가? 더 좋은 방법은 없을까? 이게 과연 최선인가? 실질적인 준비보다 이렇게 고민하고 만지작거리는 단계가 더 길고 지난하다. 하지만 한편으로는 재밌기도 하다.

모든 고민은 그 고민 안에 해결책을 내포하고 있다고 나는 믿는다. 요리조리 생각에 생각을 거듭하다 보면 묘수가 떠오르기 마련이다. 나는 시련과 고난이 닥쳐도 절대로 당황하지 않는다. 오히려 그것을 해결하기 위해 자신을 극한 상황으로 내몰기도 하는데 이제는 아예 그걸 즐기는 상태가 되어버렸다. 취업 역시 이와 다르지 않다. 즉흥적으로 결정할 일이 아니다. 계속 고민하고 만지작거리면서 고민에 고민을 거듭해야 한다. 내가 할 수 있는 모든 경우의 수를 고려하여 내가 할 수 있는 최대한의 노력으로 신중하게 접근해야 한다.

공공기관 취업을 준비하기 위해서 가장 먼저 해야 할 일은 '내가 원하는 바로 그 기관'의 채용공고를 유심히 보는 일에서부터 시작한다. 당연한 일이다. 비교적 규모가 있는 공공기관이라면 매년 공채를 실시하는데, 회사마다 뽑는 직군이 어느 정도 정해져 있기 마련이다. 이걸 유심히 살펴봐야 한다. 공공기관 취업을 목표로 하는 이상 저마다 가고 싶은 공공기관이 대략 정해져 있다. 전국의 모든 공공기관을 타깃으로 하는 사람은 아마도 없으리라 본다. 따라서 본인이 가고자 하는 기관을 정확히 집어서 그에 맞는 맞춤형 준비를 해야 함은 어찌 보면 지극히 당연하다. 하지만…하지만… 이런 기본적인 것조차 제대로 하는 사람이 없다. 이게 현실이다.

예를 들어보자. 한국전력공사를 목표로 한다고 가정해보자. 그러면 원서를 한국전력공사만 넣어야 할까? 그런 여유를 부릴 사람은 거의 없으리라 본다. 가령 기계공학을 전공하였다면 기계와 관련된 모든 회사에 지원할 수 있다. 경영학을 전공한 사람이라면 거의 대부분의 공공기관에 지원할 수 있다. 일반행정직은 어느 기관이나 다 뽑기 때문이다. 다만 경쟁률이 이공대에 비해 최소 열 배는 높다는 사실을 명심해야 할 뿐.

채용시장도 부익부 빈익빈이다. 한 곳에서 떨어진 사람은 대부분 다 떨어지고 한 곳에 합격하는 사람은 여러 군데 동시에 합격한다. 따라서 골라서 갈 수 있다. 이런 사정을 고려하여 최대한 전략적으로 지원회사를 결정해야 한다. 붙어도 안 갈 곳이라면 원서를 넣지 말되, 특정 기관을 타게팅하여 준비하는 지혜가 필요하다는 말이다. 하지만 대부분의 취준생에게 그럴 여유가 없다. 그러니 일단 무조건 원서를 넣고 본다. 수백 대 일의 경쟁률에서 합격하리라는 보장이 없기 때문이다. 그중에 용케 여러 회사에 합격한다면 상황에 맞게 골라 가면 된다. 하지만 원하는 곳이 아니라면 갈지 말지 고민이 들기 마련이다.

우리 인간의 심리상 한 군데 합격하면 '내가 이곳에 합격한 것을 보면 다른 곳도 넣으면 되지 않을까?'라는 간사한 생각을 한다. 하지만 결과적으로 그 회사가 마지막 합격일 수 있다. 그래서 원서를 넣을 때 반드시 가겠다는 회사만 원서를 넣어야 한다. 무차별적으로 원서를 넣었다가 입사 후 생각과 달라 입사를 포기하는 경우를 너무 많이 보았다. 따라서 입사 지원할 때, 더욱 면밀하게 검토하고 지원해야 한다.

징검다리 입사하기

나는 취업준비생들이 취업에 관해 질문하면 이런 이야기를 자주 한다. 한 번에 안 가도 된다고. 거쳐서 가라고. 이 말이 무슨 말일까?

즉, A란 회사가 내 최종 목표라고 치자. 여기는 일 년에 한두 번 채용한다. 그러면 일 년이라는 기간 동안 여기만 지원할 수는 없다. 그래서 다른 곳도 원서를 넣어야 한다. 만일 정작 가고자 했던 A에 떨어지고 B나 C사에 합격했다고 치자. 그러면 일단 합격한 회사를 가면 된다. 그리고 그 곳을 다니면서 A를 노리는 전략이다.

내가 아는 한 분은 연구소에서 근무하다가 당시 신생 대학에 교수로 취업이 되었다. 당시 이분의 취업에 대해 설왕설래가 많았다. 안정적인 연구소를 버리고 도박이나 다름없는 지방의 신생 대학의 교수로 가는 것이 과연 옳은 선택인가 하는 것이었다. 결국 그분을 최근 부산의 한 국립대에서 만났다. 그 대학의 교수로 이직을 하셨다는 것이다. 나는 그때 무릎을 '탁' 쳤다. 그분도 부산의 국립대로 바로 가려고 했다면 쉽지 않았을 것이다. 이것은 틀림없는 사실이다. 하지만 일단 신생 대학이라도 교수라는 직함을 얻어 놓고 그것을 기화(奇貨)로 부산의 국립대 교수로 이직을 할 수 있었다. 나는 여기서 공공기관 입사의 하나의 큰 실마리를 찾아냈다.

공공기관은 이직률이 그다지 높지 않아서 경력사원을 뽑는 것은 흔한 일이 아니다. 따라서 경력사원 채용공고만을 기다리는 것은 좀 위험한 생각이다. 그러면 어떻게 해야 할까?

방법은 간단하다. 일단 합격한 회사에 다니면서 A회사에 원서를 꾸준히 넣는 것이다. 이게 왜 필요한지 설명하도록 하겠다. 첫째, 유사한 공공기관을 다니고 있으면 A회사로 이직하는 데 유리하다. 이미 공공기관 직원이므로 입사 지원이나 면접에서 상당히 유리한 위치에서 경쟁할 수 있다. 현직자이므로 취업준비생과 달리 아쉬운 게 없기 때문이다. 나는 이런 경우를 많이 보아왔다. 단, 이직하려는 기관(A)에서 이직 사유를 물어볼 것이니 신중하면서 무난하게 대답해야 한다. 둘째, 심리적으로 안정되어 채용에 편안하게 대응할 수 있다. 가령 면접 등에서 자신감 있게 대응할 수 있고 기존의 취업준비생보다는 조금 더 사회생활을 해 본 우월한 위치에서 대응할 수 있다. 셋째, 안전막이 존재한다. 이미 회사에 다니고 있으므로 떨어져도 소위 비빌 언덕이 있다. 불합격해도 내년을 다시 노리면 된다. 그리고 지금 다니는 회사가 A회사보다 더 나은 것 같다고 생각하게 된다. 이미 적응했기 때문이다. 다시 새로운 회사에 가서 적응하는 것보다 '지금 회사에 다니는 게 더 괜찮지 않을까?'라는 생각을 하게 된다. 소문을 들어보니 A회사도 지금 다니는 회사와 별반 다를 게 없더라는 이야기도 들었다. 이렇게 심경의 변화가 일어나기도 한다.

결론적으로 공공기관취업 목표를 단번에 달성하는 것도 좋지만 조금 돌아가는 것도 괜찮은 방법이다. 1에서 3으로 한 번에 가도 되지만 2를 거쳐 가도 결과적으로는 다를 바 없다. 생각하기 나름이다. 그리고 안전하고 확률도 높다.

10

정규직만 고집할 필요가 없다
- 인턴과 계약직 입사를 통한 정착

공공기관에 취업하는 방법은 다양하다. 여러 가지의 길이 있다. 정규직 공채로 입사할 수도 있고, 인턴으로 입사해 정규직으로 전환될 수도 있다. 일용직이나 계약직으로 입사해 무기계약직이나 정규직으로 전환되는 경우도 많이 있다. 최근에는 공공기관 계약직과 일용직 채용이 확대되면서 무기계약직 채용도 많이 늘고 있다. 그럼 이렇게 다양한 공공기관 취업의 방법 중 어떤 방법을 선택해야 하는 걸까?

물론 가장 바람직한 방법은 정규직 코스를 통한 입사이다. 정규직은 공공기관 채용의 정점에 있기 때문이다. 문제는 정규직으로 입사하기가 생각보다 쉽지 않다는 것이다. 경쟁률이 무척이나 높다. 정규직만 고집하다가는 공공기관 채용이 자칫 어려울 수도 있다는 말이다. 그럼 어떻게 해야 할까?

가장 첫 번째는 전환형이다. 인턴이나 일용직, 계약직으로 입사해 무기계약직이나 정규직으로 전환을 노리는 것이다. 과거에는 이렇게 임시직이나 계약직으로 입사한 사람 중 근무 성과가 탁월한 사람들은 일부 전환을 시켜주던 시절이 있었다. 하지만 지금은 그렇지 않다. 임시직이나 계약직으로 다니고 있거나 다녔거나 상관없이 정규직과 무기계약직 공채에 원서를 넣고 합격해야 한다. 전환이란 말이 없고 모두 개별, 별도 채용이다. 그럼 인턴과 같은 임시직이나 계약직으로 입사하는 것이 아무런 소용이 없는 것일까? 전혀 그렇지 않다. 임시직이나 계약직으로 다니면서 업무적 역량이나 근면함과 성실성을 인정받는 경우 설사 채용공고를 별도로 한다고 해도 그 사람이 입사 지원하면 합격할 확률이 대단히 높다. 이건 틀림없는 사실이다. 나는 이런 경우를 수없이 많이 보아왔다. 이렇게 계약직으로 역량을 보여준 후 채용공고가 날 때 지원해서 합격하면 그 성공확률이 엄청나게 높아진다. 블라인드 채용이다 뭐다 해서 공공기관 채용의 객관성, 투명성이 강화되었다고 주장한다면 현실을 전혀 모르는 것이다. 공정성은 형식적인 면에서 강화된 것이지 실질상은 아니다. 실제 최근에 이런 방법이 주목받고 있으며, 이렇게 입사하면 정규직 공채 출신들과 큰 차이가 없다.

내가 공공기관에 입사할 때도 6명이 한꺼번에 들어가 최종면접을 치렀다. 하지만 불행히도 정작 합격은 이미 계약직으로 그 회사에 다니던 2명이 했다. 즉, 6명 중 2명은 계약직으로 이미 그 회사에 다니던 사람이었고, 또 다른 한 명은 그 회사에 다녔던 사람이었다. 나머지 3명은 속칭 들러리였던 셈이다.

그러면 왜 지금 현재 다니고 있는 사람을 이렇게 무리해서라도 채용하려고 하는 걸까? 이유인즉슨 간단하다. 이미 검증이 끝났기 때문이다. '이 사람이라면 같이 근무할 수 있겠어'라는 무언의 공감대가 형성된 것이다. 최근 아무리 블라인드 채용이라고 하지만 경력 사항까지 가릴 수는 없기에 이런 분들은 어떤 전형위원이 와도 아무래도 점수를 후하게 줄 수밖에 없다. 따라서 정규직 공채를 통해 한 번에 갈 수 없는 상황이라면, 인턴이나 계약직으로 먼저 들어가 일하면서 기회를 엿보는 것도 꽤 괜찮은 전략이라고 할 수 있다.

인턴제도 활용하기

인턴 채용은 크게 두 종류로 나눌 수 있다. 하나는 순수하게 경험을 위한 목적인 '체험형 인턴'이고, 다른 하나는 정규직 전환을 목적으로 하는 '정규직 전환형 인턴'이다. 체험형 인턴의 경우 정규직으로 전환될 확률은 거의 없다고 보지만 재직 중 탁월한 역량을 선보일 경우 추후 있을 공채에서 분명히 플러스 요인으로 작용할 수 있다. 이미 검증된 인력이기 때문이다. 또한 체험형 인턴은 그 자체만으로도 훌륭한 가치를 가진다. 공공기관의 맛을 볼 수 있기 때문이다. 아무리 좋은 직장도 본인이 싫다면 소용없는 일이다. 다녀보니 별거 없더라는 식의 '빛 좋은 개살구 이데올로기'로 인해 공공기관에 실망하고 이쪽으로는 오줌도 싸지 않겠다는 식의 거부감을 나타내는 사람들을 나는 너무도 많이 보아왔다. 정승 자리도 본인이 싫으면 그만인 세상이기 때문이다. 혹은 반대로 인턴 체험을 통해 '공공기관에서의 내 가능성을 보았다'는 사람도 있다. 의외의 곳에서 본인의 소질을 찾는 사람도 있으니까. 이런 사람들에게는 공공기관 인턴 체험이 공공기관 입사를 위한 아주 강력한 동기부여의 수단이 되기도 한다. 면접 때도 인턴 경험은 상당한 도움이 된다.

전환형 인턴은 전부는 아니지만, 상당수의 인턴을 근무 기간의 평가를 통해 정규직으로 전환해주는 방식이다. 이 경우 대부분의 인턴은 눈에 불을 켜고 '직장의 신'이라도 된 양 수습 기간을 보낸다. 여기에서 평가가 그 사람의 운명을 결정짓기 때문이리라. 원래 뭣도 모를 때 거사가 이루어지는 법이다. 지금의 선배 입장에서 보면 그렇게 애쓰는 인턴들을 보면 안쓰럽기 짝이 없지만, 인턴 기간이 그리 길지 않기에 분명히 도전해봄직 하다는 생각이다. 젊음에는 열정과 패기가 중요하다. 실수해도 상관없다. 다만 성실하게 열심히 하는 모습은 보여주어야 한다. 상대방과 비교한다는 자체가 마음이 쓰이는 것은 분명한 사실이지만, 우리 사회 자체가 경쟁사회이고 누군가가 붙으면 또 누군가는 떨어져야 하는 구조다. 세상 어디나 다 똑같다.

계약직으로 우선 입사하기

계약직 채용은 정규직으로 가는 중요한 발판이 되기도 한다. 법의 변경으로 이제는 계약직을 2년 이상 활용하지 못하기 때문에 계약직은 계약기간의 만료와 함께 계약이 종료된다. 하지만 계약직으로 근무한 경험을 살려 정규직이나 무기계약직 채용 시 우대를 받을 수 있다. 이러한 우대는 공식적인 우대는 아니지만, 앞에서도 본 바와 같이 좋은 인상이 심어진 사람에게 아무래도 마음이 더 쓰이기 마련이다. 어떤 채용 방식이라 해도 크게 다르지 않다. 이제껏 그래왔고 지금도 그렇고 앞으로 그럴 것이다. 내가 아는 한 동료는 파견직으로 들어가 정규직까지 올라간 입지전적인 인물도 있었다. 그분은 파견직으로 입사해 2년, 계약직으로 전환되어 2년 총 4년을 근무한 후, 무기계약직에 합격하고 그렇게 근무하다가 정규직 공고 때 원서를 넣어 합격했다. 이런 분들을 우리는 의지의 한국인이라고 부른다. 실제로 이런 분들도 많다.

내가 전에 모셨던 경영본부장은 기관장 운전기사 출신이었다. 운전기사를 하던 그분은 당시 기관장이 중간에 낙마하고 다른 기관장이 임명될 때 기사와 비서를 대동해와 졸지에 운전기사 자리를 빼앗기고 말았다. 계약기간도 있고 해서 인사실에서는 '운전 말고 할 수 있는 일이 있겠느냐?'라고 조심스럽게 물어봤다. 그러자 '시켜만 주십시오!' 하고 외쳤던 그 운전기사는 그렇게 부여된 업무에서 뜻밖의 적성을 찾았다. 행정 업무에 타의 추종을 불허하는 엄청난 소질이 있었던 것이었다. 그는 그때부터 승승장구해서 지금의 경영본부장이라는 소위 행정직에서 가장 높이 올라갈 수 있는 자리까지 꿰차게 된 것이었다.

실제 계약직으로 업무를 하다 보면 그 재능이나 사람의 됨됨이를 알아보고 정규직으로 채용하려는 경우가 많다. 블라인드 채용 도입으로 힘들지 않냐고 묻는다면 정반대다. 가뜩이나 블라인드 채용으로 인해 기관에서 원하지 않는, 검증도 안 된 트러블메이커가 많이 양산되는 현재 상황에서 이미 검증된 소중한 인력을 채용하고자 하는 공공기관들의 노력은 지금, 이 순간에도 보이지 않게 소리소문없이 진행되고 있기 때문이리라.

내가 잘 아는 한 분은 인턴으로 근무 후 다시 시골집으로 내려갔다. 계약 만료 후 그에 맞는 채용이 없었기 때문이다. 하지만 그분에게 기회가 왔다. 정규직으로 채용된 분이 수습 기간 중 회사를 그만두었고, 급하게 연락이 갔다. 그 인턴을 그 회사 중간 간부급들이 잊지 않았기 때문이다. 그렇게 역사는 이루어진다.

11

자격증은 신의 한수다
- 자격증으로 입사하기

명문대학을 졸업하면 아무래도 공공기관 입사에 유리할까? 이건 어느 정도 사실이다. 아무래도 명문대학을 나오면 더 똑똑하고 일도 더 잘하리라는 과거로부터의 믿음에서 그런 것이리라. 하지만 이건 공공기관에만 한정되는 이야기가 아니다. 공공기관뿐만 아니라 어떤 조직이건 이왕이면 다홍치마라고 명문대 출신을 선호한다. 아무래도 머리가 좋고 학습 능력도 뛰어나다는 일종의 고정관념인 셈이다. 우리 사회가 아직도 학연이 작동하는 면이 많다는 것도 이유로 꼽을 수 있을 것이다.

하지만 오버 스펙이라는 것도 분명히 존재한다. 가령 지방 중소도시의 규모가 작은 공공기관에 서울대학교를 나온 우수한 엘리트가 지원했다고 가정해보자. 이 사람을 과연 뽑으려고 할까? 우리가 아는 일반적인 상식으로는 당연히 지원자 중 가장 우수한 인재를 채용하는 것은 어찌 보면 당연한 일이다. 하지만 현실은 이론처럼 돌아가지 않는 법이다. 결론부터 이야기하면 서울대학교 출신은 전형에서 탈락할 확률이 매우 높다. 면접 때 이를 불식시키기 위한 무엇인가를 보여주지 않는다면 이 말은 더욱 설득력이 생긴다. 왜일까? 이는 조직의 충성도에 기인한다. 열심히 묵묵히 인내하면서 동료들과 조화롭게 오래 꾸준히 다닐 수 있는 그런 인재를 공공기관은 선호한다. 언제고 그만둘 수 있는 그런 사람을 공공기관에서는 별로 좋아하지 않는다. 무난한 수준의 사람을 원한다. 열심히 일하면서 도중에 그만두지 않고 다닐만한 그런 사람을.

대전 대덕연구단지에 위치한 정부출연 연구기관들은 행정 인력을 뽑을 때 충남대학교 출신을 가장 선호한다. 그들은 집도 대전이고 충남대학교는 지역거점 국립대학이기 때문에 가장 무난하다고 생각하는 것이다. 게다가 지원자도 많다. 그래서 대덕연구단지 연구소의 행정직은 충남대학교 출신들이 곳곳에 포진해 있다. 최근 블라인드 채용이라고 해서 출신대학을 밝힐 수는 없게 되었지만 그렇다고 해서 그 중핵은 크게 바뀌지 않는다. 결국 뽑아 놓으면 명문대 출신이나 그 지역 출신이 많은 것은 부정할 수 없는 사실이다.

모든 사람이 명문대에 갈 수 없는 노릇인데 명문대를 안 나오면 어떻게 해야 할까? 어디에나 방법은 있는 법이다. 신은 우리에게 어려운 문제도 부여하지만, 그에 맞는 해결책도 같이 제시해주신다고 나는 믿는다. 아니 그렇게 믿고 싶다. 방법이 있다. 바로 자격증이다.

전문자격증 취득을 통한 입사

변호사나 변리사 자격처럼 고난도의 자격증까지 요구하지는 않을 것이다. 세무사, 노무사, 회계사, 관세사 등 비교적 어렵다는 자격증을 학교 다니는 동안 혹은 졸업하고 단기간 내에라도 취득하라. 위 전문자격증을 취득하면 공공기관 입사에 절대적으로 유리하다. 가령 노무사 자격증이 있으면 공공기관 인사팀 입사 시 대단히 유용하다. 내 동료도 지방의 한 대학교를 나와 노무사 자격증을 취득하고 공공기관 입사에 성공했다. 서울의 명문대 출신이 아니라는 단점을 자격증을 통해 노무사 채용 시 지원하여 비교적 수월하게 극복했다.

또 한 동료는 세무사 자격을 취득하고 서울의 한 지방공기업을 다니다가 내가 근무하는 공공기관으로 이직했다. 공공기관 회계부서에서는 공인회계사나 세무사를 대단히 선호한다. 굳이 세무사 채용공고가 아니더라도 회계, 결산 분야 전문가가 필요하므로 회계 쪽 인력 채용공고가 나면 회계사나 세무사 자격을 가지고 지원하면 매우 유리하다.

'그 힘든 자격증을 따고 누가 공공기관으로 갑니까?'라고 한다면 할 말이 없다. 요즘 공공기관에서 노무사 공고를 내면 꽤 많은 노무사가 지원한다. 그들(노무사)끼리 경쟁하는 구도다. 공공기관에 입사하여 뼈를 박겠다는 사람도 있지만 그런 사람보다는 경력을 쌓으려고 지원하는 경우가 대부분이다. 공공기관 근무 경력이 노무사로서 삶을 사는 데 있어 상당한 커리어로 작용하기 때문이다. 잠시 다니다가 그만둘 생각으로 지원했다가 계속 눌러앉는 사람도 있고 실제 뼈를 박을 생각으로 지원하는 사람도 있다. 노무 시장에서 노무사끼리의 경쟁도 심하고, 로스쿨이 출범하며 증가한 변호사들도 노동시장을 호시탐탐 노리고 있기 때문이다. 어떤 경우든지 노무사 간의 경쟁에서 이겨내야 입사할 수 있다. 자기들끼리 경쟁하기는 하지만 이런 방식으로 자격증 입사가 자격증 없는 경우보다 훨씬 가능성이 높다. 대부분의 회사들은 자격증을 가지고 있으면 우대한다. 심지어 자격증에 대한 수당까지 주는 공공기관도 있다. 수당 몇십만 원이 뭐가 그리 대단하냐고 생각할 수도 있지만 절대 그렇지 않다. 수십 년 근무한다고 생각해보면 그 누적 금액은 상상을 초월한다.

법정자격증 취득을 통한 입사

어느 공공기관이나 법정 인력은 의무적으로 뽑아야 한다. 채용의 부담을 덜기 위해 대행을 시킬 수 있는 업무는 대행 혹은 외주를 주기도 하지만 직접 채용해야 하는 업무가 있다. 가령 내가 근무하는 연구소에는 '빙해수조'란 것이 있는데, 이 시설을 운영하기 위해서는 '냉동공조기사'를 가진 유자격자가 법정 인력으로 반드시 필요하다. 이는 대행도 안 된다. 그러니 냉동공조기사 자격증을 가진 사람을 무조건 뽑을 수밖에 없다. 그렇기 때문에 이런 자리에 들어가기 위해서는 타이밍도 맞아야 하지만, 미리 냉동공조기사를 따 놓아야 하고, 채용 공고에 대한 정보도 시의적절하게 얻을 수 있는 준비가 되어 있어야 한다. 사전에 준비가 되어 있지 않다면 결코 채용에 합격할 수 없다. 본래 부지런한 새가 먹이를 잡는 법이다.

전기 분야 또한 그러하다. 일정 규모 이상의 시설을 운영하기 위해서는 '전기관리자'가 꼭 필요하다. 따라서 전기기사나 전기안전기사를 따 놓으면 꽤 유용하다. 공공기관이라고 여기서 예외일 수 없다. 공공기관 역시 일정 규모 이상이 되면 전기 자격을 가진 인력이 의무적으로 있어야 한다. 전기 관련 자격증 소지자는 이런 이유로 공공기관 취업에 유리하다. 이런 예는 얼마든지 있다.

산업안전, 산업위생, 냉동공조, 가스기사 등 관련 산업 분야별로 필요로 하는 법정인력이 있다. 이런 자격증을 취득하면 공공기관 취업이 한층 수월해진다. 법으로 채용을 강제하기 때문에 채용하지 않을 수 없다. 이 기회를 노리면 된다.

최근에는 '중대재해처벌법'이 본격적으로 시행되면서 산업안전기사의 인기가 하늘 높이 치솟고 있다고 한다. 기사 자격증은 조금만 노력하면 비교적 수월하게 딸 수 있는 자격증인 만큼 사전 전략이 그만큼 중요하다고 할 수 있다. 채용 공고를 보고 준비하면 이미 늦다. 미리 따 놓고 채용공고가 뜨면 입사 지원을 하도록 해야 하는 것이다. 자격증은 그래서 미리 따 놓아야 한다.

회사마다 정체성이 있으며 결이 조금씩 다르다. 이렇게 미리미리 입사공고문을 파악하고 그에 맞는 준비가 중요하다. 가령 한국환경공단에 입사하기 위해서 수질환경기사나 대기환경기사가 필수임은 이루 말할 필요가 없는 것이다. 이런 기본적인 준비조차 하지 않는 지원자가 태반이다.

　얼마 전 한 회사 선배와 자녀 문제에 관해 이야기한 적이 있다. 토목과를 졸업하고도 토목기사 자격증을 따지 않았다고 했다. 이러면 취업이 쉽지 않다. 특히 공대의 경우 그 전공에 맞는 자격증은 무조건 취득해 놓아야 한다. 그게 기본이다. 그런 기본조차 졸업할 때까지 망각하는 사람들이 많다. 기본 자격증에 다른 법정 인력을 갈음할 수 있는 자격증 2개 정도 교차로 따 놓는다면 그 사람은 이미 채용된 것과 다름없다. 가령 대기환경기사가 수질환경기사를 따고, 전기기사가 산업안전기사를 따는 방식이다. 이는 비단 공공기관뿐만 아니라 사기업에서도 똑같이 적용된다. 법정 인력에 어울리는 필수는 자격증이다. 이는 공공기관 취업의 가장 확실한 지름길이다.

12

이공계 출신이면 아무래도 유리하다
- 문과가 아닌 이과로 가야 하는 이유

인문계보다 이공계가 취업이 더 잘된다는 건 삼척동자도 알고 있다. 금융권을 제외한 대부분의 회사가 이공계 출신을 많이 뽑는다. 인문계 소위 문과는 이과에 비하면 선발인원이 극히 적다. 가뭄에 콩 나듯 선발한다. 따라서 공공기관을 목표로 한다면 이공계로 진학하는 것이 좋다. 공공기관뿐만 아니라 전반적인 채용시장도 이와 크게 다르지 않다.

내가 근무하는 곳도 채용공고를 내면 연구직 경쟁률은 2대1 이하인 경우가 많지만, 행정직은 수십 대 1, 심지어 100대 1을 넘어설 때도 있다. 따라서 공공기관에 취업할 생각이라면 혹은 공공기관 합격의 확률을 조금이라도 높이기 위해서는 이공계 분야가 아무래도 수월하다.

우리가 대학 전공을 선택할 때 공공기관 취업을 염두에 두고 선택하는 경우는 거의 없을 것이다. 대학 입학 시점부터 졸업, 그리고 장래 진출 방향까지 치밀하게 계획하고 대학에 들어오는 사람은 많지 않다. 입학 순간부터 미래가 대략 정해져 있는 의대 같은 경우를 제외하고는. 대부분 대학 시절을 대책 없이 일관하다가 졸업쯤이 돼서야 발등에 불이 떨어져 서두르는 경우가 많다. 빨라야 졸업 1년 전부터 준비하는 경우가 대부분이다. 그래도 1년이라도 미리 준비를 시작하는 사람들은 양반이다. 짧은 기간이나마 열심히 준비해서 직업을 정하면 다행인데 문제는 그런 고민 없이 졸업 시점이 다가올 때이다. 이 경우 별생각 없이 취업의 문을 두드리는데 이 지경까지 오면 이미 늦었다. 운 좋게도 단번에 취업이 되어 그럭저럭 먹고 살면 다행인데 문제는 그렇게 되지 않을 경우다.

뒤늦게 자격증 따 놓을 걸, 학점 관리 좀 할 걸, 이공계로 진학할 걸, 하는 후회를 해봐야 이미 늦었다. 특히 대학 전공은 복수전공을 하지 않는 한 바꾸기도 쉽지 않다. 수능을 다시 보거나 하면 타 지원자보다 나이가 많아져 취업 확률이 현저히 떨어진다. 취업 시장도 결혼 시장과 마찬가지로 적령기가 있기 때문이다.

전공을 바꿀 수 없다면 관련 자격증은 반드시 따 놓아야 한다. 앞에서 이야기했듯이 취업이 1, 2년 늦어지는 한이 있더라도 반드시 자격증을 취득하기 바란다. 특히 인문계 출신이라면 자격증은 더욱 중요해진다. 인문계에서 자격증을 취득한다는 것은 이공계 출신 이상의 힘이 있기 때문이다. 나 역시 법대를 졸업한 인문계 출신이지만 건설 안전기사 자격증을 따놓았다.

일전에 한 영화에서 '역시 사람은 기술이 있어야 해'라는 말을 듣고 무척이나 공감했다. 자격증도 일종의 기술이다. 세무사 자격증은 세무 기술인 셈이고, 노무사 자격증은 노무 기술이다. 산업안전기사를 따면 안전 기술자가 되는 셈이다. 그래서 자격증을 따야 한다. 기술이 있어야 사회에서 한 자리를 차지하고 살 수 있듯이 자격증은 이 모두를 견인할 수 있기 때문이다.

나는 예전에 굴지의 대기업에서 근무한 적이 있다. 우리나라에서 손꼽히는 자동차회사였다. 자동차회사는 업종으로 분류하면 제조업이다. 제조업 회사는 이공계가 직원의 대부분을 차지한다.

당시 대졸 신입 공채를 상·하반기로 나누어 각 600명씩 선발했다. 600명 중 인문계 비중이 얼마나 될까? 내가 보기엔 100명이 채 안 됐다. 대부분 인력이 이공계였다. 제조업 직장은 다른 곳도 마찬가지일 것이다. 금융계나 서비스업 쪽은 비이공계 출신들이 많겠지만 제조업 특히 중화학 공업 쪽은 대부분 공학을 전공한 사람을 선호하기 마련이다.

주변 지인과 진로 이야기가 나오면 나는 공부를 좀 하면 '의치한약수'로 보내고 평타를 치면 이공계 특히 공대로 가라고 권유한다. 인문계 나와서 할 수 있는 일이 그리 많지 않기 때문이다. 물론 본인만 뛰어나다면 인문계, 이공계 구분이 무엇이 필요하겠냐마는 막상 사회로 나와 보면 현실은 그렇지 않다. 이공계에 기회가 더 많다. 이것은 틀림없는 사실이다.

그럼 공공기관은 어떨까? 공공기관도 이공대 경향성이 뚜렷할까? 공공기관도 종류가 워낙 다양해 천차만별이어서 일정한 경향을 특정하기는 무리수가 따르기는 하지만 공기업 중 가장 인기가 있다는 금융 공기업을 제외한 SOC 공기업, 에너지 공기업은 이공계 출신들이 대다수를 차지하고 있다. 뽑기도 정말 많이 뽑는다. 인문계 채용의 수 배에서 수십 배씩 된다. 업종 자체가 이공계 출신들을 많이 필요로 하기 때문이다. 따라서 SOC 공기업이나 에너지 공기업으로 가려면 이공계가 절대적으로 유리하다. 우리가 흔히 말하는 한국남부발전, 한국서부발전과 같은 발전 자회사나 한국수력원자력과 같은 에너지 공기업이 대표적인 예이다.

흔히 이런 말을 한다. 이공계 출신이 인문계 업무는 할 수 있어도 인문계 출신은 이공계 업무를 할 수 없다. 실제 정부출연연구기관도 박사 출신의 연구자들이 행정 업무의 부서장을 맡는 경우가 대단히 많다. 하지만 행정업무 담당자는 연구자들이 하는 업무를 수행할 수 없다. 우리가 흔히 이야기하는 일렉 기타 치는 사람이 통기타는 쳐도, 통기타 치는 사람은 일렉 기타 못 치는 것과 유사한 원리이다. 그래서 기타를 배우겠다는 사람도 나는 '일렉 기타'를 배우라고 권한다. 일렉 기타를 치면 통기타도 쉽게 배울 수 있기 때문이다. 통기타의 원리가 일렉 기타에 고스란히 포함되어 있으니까. 따라서 이공계 출신이 인문제 업무를 할 수 있다는 것은 진실이다. 앞에서 이야기했듯 우리가 흔히 '기술'이 있어야 한다는 말도 이와 비슷한 맥락이다.

결론적으로 공공기관에 들어가려면 아무래도 인문계보다는 이공계가 유리하지 않나 하는 생각이다. 하지만 이것도 어느 기관에 가느냐에 따라 달라지는 문제다. 본인의 상황에 맞춰 전공도 잘 판단해야 한다. 특히 이공계는 자격증 취득이 아주 중요하다. 보통 채용을 대규모로 하므로 학위(학사나 석사)와 자격증(기사 등)만 잘 갖추고 있으면 비교적 수월하게 공기업에 입사할 수 있다.

공공기관 취업은 여러모로 이공대가 유리하다. 인문계 출신들은 인문계가 역량을 발휘할 수 있는 기관으로 가는 것이 좋다. 하지만 불행히도 금융 공기업을 제외하고는 많이 뽑지도 않을뿐더러 급여 수준이 높지 않다. 또한 이공대 출신이 많은 공공기관은 인문계 출신이 올라갈 수 있는 자리가 별로 많지 않다. 이런 점도 고려해야 한다.

13

우리 지역 출신을 우대한다구요?
- 지역인재 우선채용제도 이야기

지역인재 우선채용! 이 말을 들으면 나는 양성채용목표제가 떠오른다. 한쪽 성에 치우치지 않게 인력을 채용하는 양성채용목표제가 마치 특정 지역 출신만을 선발하지 않고 그 공공기관이 위치한 지역 출신을 배려한다는 지역인재 우선채용과 상호 맞닿아 있다는 생각이 들기 때문이다. 지역인재 우선채용은 공공기관 지방 이전과도 연관되어 있다. 지역 균형발전을 위해 지방으로 이전했건만 막상 그 지역 출신들이 하나도 일하지 않는다면 이 또한 아이러니가 아닐까?

지역인재 우선 채용제도는 그 취지는 공감하는 면이 있지만 '지역인재의 정의가 과연 무엇인가?' 하는 문제와 '어느 정도까지 채용해야 하는가?' 하는 채용 규모의 문제, 지역인재 우선채용으로 인한 역차별 문제까지 많은 이슈를 내포하고 있다. 따라서 지역인재 우선채용은 공공기관을 지원하려는 수험생이라면 누구나 곰곰이 생각해보아야 할 문제이다.

어떤 제도든 그 제도로 인하여 이득을 보는 사람이 존재하는 반면 피해를 보는 사람도 생겨나는 법이다. 따라서 지방 출신이라면 내 지역에 있는 공공기관을 잘 살펴서 입사의 전략으로 삼는 자세가 필요하다. 부지런한 새가 먹이를 먼저 낚아채는 법이니까.

그럼 지역인재 우선채용은 도대체 무엇일까? 지역인재 우선채용이란 말 그대로 해당 공공기관이 위치한 곳의 지역에서 신규 채용 시 일정 비율을 채용하는 제도이다. 수도권에 비해 상대적으로 소외된 지방의 활성화를 위해 필요하다는 것이 제도의 도입 취지이다. 전국 각지로 배분한 10개의 지방혁신도시로 옮긴 공공기관은 약 110개로 순차적으로 수도권에 위치한 공공기관의 본사를 혁신도시로 배치하는 작업은 시행되었으며 지금도 시행되고 있다. 지역인재 우선채용 또한 2018년부터 18% 이상, 매년 3%씩 증가하여 2022년 이후부터는 신규 채용인력의 30%를 해당 지역에서 최종학력을 마친 이들로 뽑는다. 여기서 최종학력에는 석박사는 제외한다. 고졸과 대졸까지만 인정하는 것이다. 석사와 박사까지 인정하게 되면 특정 공공기관 취업을 위해 특정 대학에 들어간다든가 하는 문제점이 생기고, 석박사급 채용은 모집 인원도 소수이지만 지원자도 소수인 점을 고려하여 결정한 것으로 생각된다.

국토교통부에 따르면 혁신도시 이전 공공기관은 일정 비율대로 공공기관이 소재한 시도에서 대학교나 고등학교(고졸일 경우)를 졸업한 이들로 채용해야 한다. 이에 미달할 경우 공공기관 경영평가에서 불이익을 받게 된다. 따라서 공공기관은 울며 겨자 먹기로 그 지역 출신의 인재를 채용할 수밖에 없다. 가장 바람직한 것은 이러한 강제 없이 자연스럽게 그 지역 출신이 입사하는 것이다. 나는 강제보다는 이런 방식이 좋다고 생각한다. 공공기관 이전이 정착화되고 다소의 시간이 흐른다면 아마도 자연스럽게 지역인재 우선 채용제도도 없어지리라 생각한다. 또 그래야만 한다.

다만 역차별 논란이 불거질 때를 대비하여 채용할당제가 아닌 채용목표제를 도입했다. 채용목표제는 앞에서 보다시피 강제성을 가지지는 않지만 이를 지키지 않을 경우 평가 등에서 간접적인 불이익을 주는 제도이다. 할당제는 의무적으로 그 비율만큼을 채용해야 하는 것인데 이는 기관에 부담으로 작용할 수 있다. 채용에 적합한 인재가 없음에도 그 지역 출신이라는 이유만으로 억지로 뽑아야 한다면 그만큼 기관의 손해가 발생하기 때문이다. 고용의 경직성이 심한 우리나라에서는 한 번 뽑으면 쉽게 해고할 수도 없다.

이처럼 현재까지는 지역인재 할당제가 의무가 아닌 권고사항인 관계로 현재 공공기관 지역인재 채용은 매우 낮은 수준에 머무르고 있다. 공공기관 지방 이전이 한창이던 2017년 청와대에서 열린 수석보좌관회의에서 대통령은 지역인재 우선채용 비율을 30%대까지 끌어올릴 것을 주문했다. 하지만 당시 30% 할당제가 가시화되자 우려의 목소리도 컸다. 지역인재 할당이 과연 지역 균형발전이라는 근본 목적을 달성할 수 있는지가 주요 이슈였다. 그 세부 내용은 다음과 같다.

첫째, 학력, 출신지 기재를 금하고 있는 블라인드 채용과의 충돌이다.

지역인재 할당제는 정부에서 강력하게 추진 중인 다른 공공기관 채용제도인 '블라인드 채용'제도와 일면 모순된다. 이력서에 학벌이나 학력, 출신지, 신체조건 등 차별적 요인을 일절 기재하지 않도록 하면 '지역인재'임을 알 수 있는 학력이나 출신지를 기재해도 안 된다.

물론 정부는 이와 같은 모순을 해결하기 위해 '최종학교의 광역소재지'는 적을 수 있다고 했다. 그러나 이 경우 결국 서울권과 지방을 구분할 수 있으며 지원자는 자기소개서를 통해 충분히 대학 전공자임을 암시할 수 있으므로 결국 인사담당관이 얼마든지 서울권 4년제 대학 졸업자를 추려낼 수 있다. 사실상 완벽한 블라인드 채용이 힘들어진다.

둘째, 서울권 대학 졸업생의 역차별 문제다.

블라인드 채용을 한다면서 지방 출신이라는 이유로 할당해 뽑겠다는 것은 결국 서울권을 소외시키는 절대 공정하지 않은 역차별이다. 서울권 출신이나 지방대 출신이나 똑같은 조건과 출발선에서 오로지 실력으로 공정하게 경쟁할 수 있도록 해야 한다고 강조했지만 결국 지역인재 할당제를 함께 실시함으로 인해 서울권 대학 졸업자 입장에서는 '같은 출발선'이란 논리가 무색해졌다. 지역인재 할당제를 통해 특정 지역에 소재한 학교 졸업생들을 우대하는 것은 역차별에 지나지 않는다.

셋째, 같은 지역인재라도 타지역 공공기관 취업 희망 시 불리하다.

서울권 졸업자뿐만 아니라 지역인재라도 같은 문제가 발생할 수 있다. 결국 지역 할당제는 지방 출신에게만 취업 기회를 확대하는 것처럼 보이지만 때에 따라 다른 지역 공공기관에 취업을 희망하는 지역인재들에게는 오히려 불리하게 작용하는 맹점이 있다.

넷째, 수도권 출신이라도 지방대학만 나오면 '지역인재'에 해당한다.

지역인재 요건이 모호하다. 지역에서 초중고를 졸업했어도 서울 소재 대학으로 진학한 경우는 '지역인재'에 해당하지 않는다. 대학 입학 전까지는 십수 년을 그 지역의 여건 및 교육환경 속에서 자라왔지만 단지 서울에서 대학 4년 공부했다는 이유로 제도 혜택을 받지 못하는 것이다.

반대로 서울 및 경기도 지역에서 성장해 다른 가족들 모두 서울에 거주하고 있지만, 학업능력 부족 등을 이유로 수도권 대학이 아닌 지방대에 입학한 경우는 오히려 '지역인재'가 된다. 그 때문에 지역인재 할당제가 '지역 균형발전'이라는 본래 목적에 부합하려면 무작정 할당 비율을 높이기에 앞서 '지역인재'의 기준을 명확히 할 필요가 있다. 일각에서는 지방대학 졸업자 외에도 일정 기간 해당 지역에 주소지를 둔 사람 역시 '지역인재'로 인정해야 한다는 주장도 제기되고 있다.

의무채용규정의 허점

지역인재 우선채용의 취지는 공감하지만, 실제 채용은 크게 못 미치고 있다. 왜 이런 현상이 발생할까? 지원자가 없어서? 블라인드로 채용해보니 지역 출신이 한 명도 합격하지 못해서?

정답은 예외 조항 때문이다. 혁신도시법의 지방 이전 공공기관 지역인재 채용 의무화의 예외 조항을 각 기관들이 악용하고 있다.

〈지역인재 채용의무화 예외 조항〉

1. 분야별 채용 모집인원 5명 이하
2. 경력직
3. 석사학위 이상 연구직
4. 지역본부·지사에서 별도 채용 또는 지역본부·지사에서 5년 이상 근무 조건 채용
5. 공공기관이 정한 합격 하한선 미달
6. 지원자 가운데 지역인재 비율이 의무 채용 비율에 못 미칠 때
 - 혁신도시 조성 및 발전에 관한 특별법 시행령 제30조의2(이전 공공기관 등의 지역인재 채용)

이러한 예외 사항으로 인해 당초의 취지가 무색해지고 있다. 특히 1번과 4번이 악용의 실마리가 되고 있다. 국토교통부에서는 지역인재 의무 채용 예외 조항 개선방안을 찾기 위해 용역을 맡겼다. 용역 결과와 여론 수렴을 통해 제도를 보완할 계획이라고 하지만, 여전히

이 예외 조항은 유효한 상황이다.

　지역인재 우선채용이 본인에게 유리한 점이 무엇인지 잘 고민하여 대응할 필요가 있다. 실이 있는 사람이 있으면 득이 있는 사람도 있는 법이니까. 제도란 것은 처음부터 완벽할 수 없다. 시행착오를 거치면서 제대로 된 방향으로 나아가야 한다. 우리가 제도를 바꿀 수 없는 한, 제도 내에서 최선을 찾는 길이 가장 바람직한 방법임을 잊지 말자. 제도가 불합리하다고 해서 번번이 투사가 될 수는 없지 않은가? 그러기엔 우리 인생이 너무나도 짧다.

14

신생 공공기관을 노려야 하는 이유
- 비교적 쉽게 합격할 수 있는 방법

간혹 누군가 공공기관 취업에 관한 조언을 해달라고 하면 항상 하는 말 중 하나가 바로 신생 공공기관을 노리라는 것이다. 항상 새로 생긴 공공기관에 대한 안테나를 열어두라고 이야기한다. 지금 와서 절실히 느끼는 것이지만 신생 공공기관만큼 좋은 먹잇감은 없다. 하늘이 주신 기회라고 생각하자. 나는 이미 취업한 지 오래되었지만, 요즘도 인터넷으로 신생 공공기관이나 신규 설립 법인 등을 찾아보는 습관을 지니고 있다. 그만큼 정보력이 중요하기도 하고, 주변에 추천 해줄 수도 있기 때문이다.

올해도 여느 때와 다름없이 기획재정부에서 공공기관 지정을 벽두부터 발표하였다. 공공기관지정은 기획재정부에서 매년 초에 한다.

이와같이 기획재정부로부터 지정이 되어야 공공기관이 되는것이다. 수행하는 업무나 회사 상호가 공공기관처럼 보여도 공공기관 지정을 받지 않으면 공공기관이 아니다. 지정된 공공기관은 매년 해마다 한 해도 거르지 않고 지정되는 곳(갱신형)도 있고, 공공기관이 아니었다가 새롭게 공공기관으로 지정된 곳(신규 가입형)도 있다. 이렇게 신규진입을 한 공공기관은 우리가 관심을 가지고 지켜보아야 할 탐스러운 대상이다. 이런 공공기관은 생긴 지 얼마 안 될 확률이 높으며, 공공기관으로 지정이 되었기 때문에 대규모 공채를 실시할 확률 또한 상당히 높다.

동작이 빠른 사람들은 공공기관 지정을 기다리는 것은 늦다고 한다. 공공기관 신규 지정 전에 이미 법인체를 만들었을 것이고, 그 법인체는 공공기관으로서의 씨앗을 가지고 있었을 것이다. 이러한 법인이 설립될 때 설립 멤버로 참여하면 더욱더 확률이 높아진다. 따라서 이런 신설법인 또는 신설 공공기관의 정보가 공공기관 입사의 성패를 좌우한다고 할 수 있다.

내가 처음 대전에 내려왔을 때 기초과학연구원(IBS)이란 엄청나게 큰 연구원이 새롭게 출범했다. 당시 엄청난 덩치답게 공채도 여러 차례에 걸쳐 대규모로 이루어졌다. 특히 대덕연구단지에서 근무하는 기존의 공공기관 직원을 무척이나 선호하여 해당 경력직을 꽤 많이 채용하였다. 기관이 처음 설립되면 신입사원만 필요한 것이 아니기 때문이다. 다양한 직급의 직원이 필요하다. 이런 이유로 당시 대덕연구단지에 위치한 공공기관 다시 말해 정부출연 연구기관에서 기초과학

연구원으로 많이 이직했다. 그들은 대부분 원소속기관에서 계약직이나 무기계약직이었다. 정규직으로 넘어갈 수 있는 희망의 사다리였던 셈이다. 물론 기존의 회사에 싫증이 나거나 무엇인가 새롭게 시작하고 싶었던 정규직도 꽤 있었다. 이렇듯 처음 생겨나는 공공기관은 그야말로 취업준비생이나 이직을 노리는 분들에게는 그야말로 절호의 찬스와 다를 바 없다. 우리는 '신생 공공기관'을 전략적으로 활용할 필요가 있다.

신생 공공기관은 채용 규모도 대규모이고 합격의 문턱을 넘기가 기존의 공공기관보다 상대적으로 수월한 편이다. 그래서 신생 공공기관이 생겨난다는 움직임이 있으면 이를 적극적으로 활용할 필요가 있다.

그렇다면 왜 신생 기관이 합격하기 더 쉬울까? 이유는 간단하다. 급한 쪽은 뽑는 쪽이기 때문이다. 칼자루를 쥔 것은 지원자이다. 특히 공공기관 재직자는 더욱 유리한 입장에서 경쟁할 수 있다. 신생기관에서는 직원을 빨리 뽑아야 하고 지원자가 넘치지 않는다면 어지간하면 합격할 수 있기 때문이다. 하지만 신생 공공기관은 홈페이지가 없는 경우가 허다하다. 그래서 채용정보가 기존 기관에 비해 많이 노출되지 않는다. 알리오 공시 의무도 없으니 정보가 여러 겹 차단된 셈이다. 얼핏 보면 단점처럼 보이는 이 불편한 진실이 사실상 채용을 수월하게 하는 결정적 요소가 된다. 많이 알려지지 않은 만큼 경쟁률도 높지 않기 때문이다. 또한 여기에는 '새로 생긴 기관에 가면 개고생한다'

는 무언의 함의가 내포되어 있기도 하다. 아무것도 없으니 처음부터 모두 새로 만들어야 한다는 부담감이 지원을 꺼리는 이유가 되기도 한다.

　내가 아는 한 분은 이런 방식을 잘 활용해 신생 공공기관들만 옮겨 다니곤 했다. 그분은 이미 그걸 간파하고 있었던 것이다. 이미 잘 알려진 공공기관은 그만큼 사람들이 채용정보에 대해 잘 알고 있으므로 지원자가 상당히 많다. 하지만 초기 공공기관들은 기획재정부의 공공기관 지정도 받기 전이고 홈페이지도 없고 해서 채용정보를 구하기가 쉽지 않다.

신생 공공기관의 채용정보를 얻는 법

　신생 공공기관에 대한 채용정보는 어디서 얻을까? 인터넷에서 키워드 검색을 통해 알아내는 것이 가장 좋다. 가령 '공공기관 출범, 공공기관 명칭 변경, 기관설립, 기관추진, 별도 기관, 부설기관 설립, 기관독립, 공공기관 신규 지정, 공공기관 신설, 공기업 창립, 공기업 설립' 등 다양한 키워드로 인터넷에서 검색을 할 수 있다. 이런 키워드 검색은 마치 '특허 선행기술 조사'를 연상시킨다. 질문이 구체적이어야 답변도 구체적이듯이, 키워드 검색을 잘해야 제대로 된 답변이 나온다.

　본래 정보는 많이 가진 자가 칼자루를 쥐는 법이다. 부지런한 사람, 안테나를 열고 세상을 들여다보는 그런 사람만이 이런 정보를 시의적절하게 잘 포착해낼 수 있다. 검색하다 보면 이런 신생 기관의 태동 그리고 움직임을 잘 알아낼 수 있다. 그렇게 검색한 신생 공공기관의 정보를 별도로 적어놓고 며칠 간격으로 꾸준히 검색하여 진행 상황으로 확인한다. 그리고 채용공고가 나면 지원하면 된다.

신생 기관은 기관설립을 위해 처음부터 하나하나 새롭게 시작해야 하므로 아무래도 대규모로 채용할 수밖에 없다. 이런 이유로 기존의 공공기관보다 합격이 수월하다. 또한 신입직뿐만 아니라 경력직도 뽑으므로 경력자는 특히 더 노려볼 만하다. 더욱이 같은 계열의 공공기관을 다니다가 이직하려는 분들은 합격률이 상당히 높다. 신생 기관에서는 아무래도 공공기관 경력자를 선호하기 때문이기도 하고 다양한 직급의 직원이 필요하기 때문이다. 또한 창립 멤버로 들어가 활동하면 이후에 입사한 사람은 결코 받을 수 없는 창립 멤버 프리미엄을 누릴 수도 있을 것이다. 이직을 통해 보직을 받거나, 직급을 상향시킬 수도 있다. 기존 회사에서 불리한 요소로 작용했던 것들을 떨쳐 내고 새롭게 시작할 수도 있다. 본래 새 술은 새 부대에 담는 법이다.

저자가 한 주제에 대해 같은 말을 반복하면 대단히 서툰 저자이든지 그게 아니라면 대단히 의도적이라는 의미다. 계속 반복하는 말이지만 이런 정보는 부지런한 사람이 잡을 수 있다. 내가 아는 한 분은 신생 기관 정보보다 더 앞선 신생 기관 추진단(혹은 출범단) 정보를 어떻게 알아내 추진단에서 신생 기관 만드는 일에 직접 참여했다. 인터넷에서 추진단 채용공고를 보고 더 빨리 움직인 덕이다. 당연히 본인이 받아야 할 직급보다 더 높은 직급과 직위를 받은 건 물론이다. 이런 분들도 있다. 또 강조하지만, 정보력이 중요하다. 기회는 정보력이 뛰어난 사람을 찾아다니는 법이다.

매년 공공기관에서는 대략 2만 5천 명에서 3만 명 정도의 인력을 채용하고 있다. 이는 전체 350여 개에 달하는 공공기관의 채용계획 및 실적을 전수 조사하여 합친 수치이므로 대략 이 정도 규모라고 이해하면 된다. 보는 관점에 따라 상당히 큰 규모일 수도 있고 한편으론 적다고 생각할 수도 있다.

공공기관 입사가 최종 목표라면 관심이 있는 해당 공공기관의 채용 홈페이지에 수시로 접속해 확인하는 것이 방법이 될 수 있을 것이다. 하지만 보통 한 기관만 목표로 하여 준비하는 사람보다는 복수의 기관을 준비하는 경우가 많으므로 현실적으로 쉽지 않다. 그럼 좋은 방법이 없을까? 취업준비생의 이런 딱한 사정을 알고 정부에서는 공공기관 채용정보를 알 수 있도록 인터넷 홈페이지를 별도로 운영하고 있다. 그것이 바로 '알리오'(잡알리오)와 '클린아이'(클린아이 잡플러스)다. 클린아이는 지방공기업의 경영공시 사이트이고, 알리오는 일반 공공기관 즉 중앙 공공기관의 경영공시 사이트다. 알리오는 채용정보 사이트인 '잡알리오'를 운영하고 있으며, 지방공기업은 '클린아이 잡플러스'에서 공공기관의 채용정보를 실시간으로 확인할 수 있다. 경영공시 필수 의무 사항에 '채용공고'를 포함해 놓았기 때문에 위 사이트에 부지런히 발품을 팔다 보면 대부분의 채용공고는 놓치지 않고 파악할 수 있다.

〈공공기관 경영공시 사이트〉

중앙공공기관 - 잡알리오 https://job.alio.go.kr/main.do
지방공기업 - 클린아이 플러스 https://job.cleaneye.go.kr/

그럼 이 외에 다른 방법은 없는 것일까? 당연히 있다. 지금부터 공공기관 채용정보를 쉽게 찾을 수 있는 몇 가지 방법을 소개하고자 한다.

공공기관은 '공공기관의 운영에 관한 법률'에 근거하여 신규 채용현황을 알리오(www.alio.go.kr)에 공시할 의무가 있다. 따라서 대부분 공채는 알리오에 공시된다. 알리오에 채용담당자가 공시하지 않으면 기관벌점을 받게 된다. 기관벌점이 누적되면 기관에 치명적이다. 기관장 경고를 받을 수 있기 때문이다. 기관장이 경고받게 되면 연임이 어려워질 수 있으므로 각 기관의 알리오 담당자는 눈에 불을 켜고 경영공시 벌점을 받지 않기 위해 상당한 노력을 기울인다. 이런 이유로 공시정보는 대단히 정확하다고 보면 된다. 공시 항목 중 간혹 업데이트되지 않은 공시 항목이 발견되기도 하는데, 이는 공시 항목 자체가 수시 공시가 아닌 정기 공시 항목이라 그런 것이다. 채용 관련 사항은 정기 공시 항목이 아니라 수시 공시 대상이므로 실시간으로 정확하게 반영되니 믿고 신뢰해도 좋다. 따라서 공공기관 입사를 목표로 한다면 무조건 알리오를 적극적으로 활용해야 한다.

알리오는 특히 고용 형태별로 정규직, 무기계약직, 비정규직, 청년인턴(체험형, 채용형)으로 나누어 해당 직군을 선택하여 검색할 수 있게 해 놓았다. 매우 편리하다. 이 외에도 채용분야별, 근무지별, 학력 정보, 신입 경력 구분 등 기능이 있어서 맞춤형으로 검색할 수 있다.

지방공기업 채용정보는 '클린아이 잡플러스'에 접속하여 확인하면 된다. 행정안전부에서 운영하며 큰 모양새는 '알리오'와 비슷하다. 특히 클린아이는 채용정보 외에 해당 기관의 지방공기업 소식지까지 전하고 있으니 자기소개서나 면접 등을 준비할 때 해당 자료를 참고할 수 있다.

NCS(국가직무능력표준) 홈페이지(www.ncs.go.kr)에서도 채용공고를 확인할 수 있다. 해당 홈페이지에 접속하면 채용정보를 담은 공간이 있다. 여기서 공공기관뿐만 아니라 NCS를 도입한 기업의 채용공고까지 볼 수 있으므로 적극적으로 활용할 만하다.

또한, 인사혁신처 나라일터(www.gojobs.go.kr)에서도 다양한 채용공고가 실시간으로 업데이트되고 있으니 놓치지 말아야 한다. 나라일터는 공무원분만 아니라 교원, 공공기관의 정보까지 충실히 담고 있다.

이 외에도 **공공기관 채용 관련 포탈 카페**가 있다. 나는 여기를 주로 이용했다. 포탈 카페에 가입하여 회원등록을 하면 된다. 가장 유명한 것이 **'공준모'(공기업을 준비하는 사람들의 모임)**이다. 이 외에도 여러 공공기관이나 공기업, NCS 관련 카페가 있으니 적극적으로 활용할 필요가 있다. 이곳에서는 수백 개의 공공기관에 대한 채용정보를 일목요연하게 정리하여 제공한다. 따라서 취업준비생이라면 누구나 무조건! 가입하는 것이 좋다. 아니 가입해야 한다. 또한 카페 회원끼리 정보를 공유하고 노하우도 공유할 수 있다. 키워드 검색을 통해 지원하는 공기업의 정보도 얻을 수 있다. **'취업 뽀개기'**와 같은 곳에서도 다양한 취업정보를 제공하므로 유심히 살펴볼 필요가 있다.

그다음은 **워크넷(www.worknet.go.kr)**이다. 워크넷은 공공영역의 일자리 정보를 제공하는 곳이다. 주로 공공기관이나 공직유관단체의 취업 정보를 담았다. 워크넷은 알리오와 클린아이에 등재된 채용정보를 워크넷과 연결하고 있다. 연결이 확실히 이루어지는지는 아직 초창기이므로 확인된 바가 없다. 따라서 워크넷 채용정보를 확인할 때 아직은 알리오, 클린아이를 함께 확인하는 것이 좋다. 알리오나 클린아이에 등재되지 않은 기타 공직 유관기관 및 단체의 채용정보는 국가에서 워크넷에 직접 등록하도록 의무화한다고 하니 참고할 필요가 있다.

마지막으로 **민간 취업포털**을 들 수 있다. **사람인, 잡코리아, 커리어, 인크루트**와 같은 취업포털이다. 취업포털은 일반 민간기업뿐만 아니라 공공기관에 대한 채용정보도 제공한다. 특히 일부 공공기관 채용담당자들은 결원으로 급하게 채용할 때 취업포털을 이용하는 경우가 많다. 취업포털은 알림이 기능도 제공하고 있으므로 본인이 관심 있는 기업을 관심 기업으로 등록해 놓으면 해당 공고가 올라올 때마다 이메일이나 문자를 통해 채용정보를 실시간으로 받을 수 있다.

대학이나 연구기관이라면 '**하이브레인넷(www.hibrain.net)**'이란 취업사이트가 있다. 여기는 연구자, 교수, 석 박사급 인재에 대한 채용 전문 특화채용사이트이다. 관련이 있는 사람들은 하이브레인넷도 적극적으로 활용할 것을 권한다.

제3장

공공기관 입사에 대해 묻다

15

블라인드 채용, 왜 하는 걸까?
- 블라인드 채용의 불편한 진실

블라인드 채용이 도입되기 전에는 이미 서류전형을 통해 선발할 인원을 대략 정해놓고, 면접은 그것을 확인하고 추인하는 방식으로 채용 절차가 이루어졌다. 하지만 블라인드 채용이 도입된 이후, 면접은 그 어느 때보다 중요해졌다. 과거의 확인하고 추인하는 자리가 아닌 그 사람의 됨됨이와 업무 능력을 파악하는 자리로 바뀌었기 때문이다. 하지만 여전히 면접시간은 과거와 크게 다를 바 없다. 제대로 된 사람의 평가가 이루어질 수 없는 상황이다. 이게 다 블라인드 채용이 도입되면서 벌어진 현상이다.

블라인드 채용이란 과연 무엇일까? 사전적 정의는 다음과 같다.

즉 블라인드 채용의 핵심은 두 가지다. 첫째, 편견 요소를 배제한
다. 둘째, 직무능력 위주로 평가한다. 나는 편견 요소 배제에는 동의
하지만, 직무능력 위주로 본다는 것에는 그다지 믿음이 가지 않는다.
편견을 배제하면 직무능력을 객관적으로 바라볼 수 있을까? 이런 기
술적인 문제보다는 소위 '빽'이 좌우하는 채용문화에 잘못이 있는 것
은 아닐까?

지금이야 과거에 비해 많이 줄기는 했지만, 여전히 보이지 않는 손
을 이용해 채용되는 일은 비일비재하게 발생하고 있다. 민간기업 쪽
으로 가면 이야기는 훨씬 더 심각해진다. 여하튼 무슨 수를 써서라도
일단 취업에 성공하면 평생직장이 보장되는 것이다. 나중에 일이 잘
못되더라도 채용에 관여한 사람은 비난이나 처벌받지만 이에 따라 채
용된 사람은 함부로 자르지도 못한다.

블라인드 채용이 문제가 많다고 다들 떠들어대지만, 한편으로는
'채용시장이 얼마나 혼탁하고 문제가 많으면 블라인드 채용을 도입했
을까?'라는 생각도 든다. 블라인드 채용은 말 그대로 채용 과정에서
드러날 수 있는 '성별, 연령, 출신 지역, 가족관계, 학력, 신체적 조건,
재산 등' 채용 과정에 영향을 미칠 수 있는 요소를 제거하고 제로베이

스에서 채용을 실시하겠다는 공정성을 최우선으로 하는 일종의 채용 시스템이다. 쉽게 말해 채용 과정에서 편견적 요소로 작용할 수 있는 사항들을 배제하겠다는 말이다. 이게 다 우리나라 채용시스템이 정상적으로 작동하고 있지 않다는 방증이다.

나는 우리나라 채용 시스템은 분명히 문제가 많으며, 이를 개선하기 위해 최우선으로 '공채 시스템'부터 손을 봐야 한다고 생각한다. 하지만 공채시스템을 없앤다는 것은 채용에 대한 접근 방식의 근본적 전환이 필요한 문제이다. 지금 여기서 이를 논하는 것은 이 책의 목적이 아니므로 언급하지는 않을 것이다. 다만 장강명 작가의 〈당선, 합격, 계급〉이란 책에서 공채제도의 문제점과 그 대안에 대해 다각도로 매우 세세하게 언급하고 있으므로 관심이 있는 분들이라면 이 책의 일독을 권한다.

현재 공공분야는 블라인드 채용이 전면 도입되었고, 민간은 일부 의식 있는 기업에서 부분적으로 도입했다. 하지만 여전히 민간 영역에서는 대부분 블라인드 채용을 시행하지 않고 있다. 그러면 도대체 블라인드 채용이라는 말이 왜 나오게 되었을까? 왜 지원자에 대한 정보를 세세히 알아도 모자랄 판에 모든 정보를 가리고 깜깜이 상태에서 지원자를 선발해야 하는 걸까? 도대체 왜, 무엇이 문제였을까?

채용 분야는 그동안 말도 많고 탈도 많은 분야였다. 우리 한국인 특유의 학연, 지연, 혈연으로 인해 힘 있는 사람에게 자녀의 취업을 청탁하는 일은 우리 주변에서 흔히 볼 수 있는 일이었다. 언론에서도 장관 후보자 인사청문회 때 단골 메뉴가 자녀 불법 채용이다. 나 역시 이 모든 것을 내 두 눈으로 직접 목도했다.

한 회식 자리에서 한 공공기관 기관장이 취업 청탁이 엄청나게 들어온다고 하소연하는 걸 들은 기억이 있다. 실제로 불과 10년 전만 해도 공공분야 역시 취업 청탁이 횡행했다. 기관장이나 본부장 등 핵심 간부들이 누구누구의 이력서를 어디서 받아와서 인사팀으로 전달한다는 소문이 파다했다. 이 사람을 뽑으라는 무언의 지시인 것이다. 이렇게 편법으로 뽑힌 사람은 일단 채용이 확정되면 그 과정이야 어찌 됐건 함부로 내치지도 못한다.

문제는 이렇게 들어온 사람들이 일이라도 열심히 잘하면 다행인데 문제는 그렇지 못한 경우가 훨씬 더 많다는 것이다. 자신의 처지를 인정하고 능력 부족을 만회하기 위해 열심히 노력하면 다행인데 실상은 정반대다. 이런 자격도 안 되는 사람들이 들어와서 자신의 역량을 발전시킬 생각은 하지 않고 다른 쪽으로 그 힘을 발휘한다. 가령 조직원 간의 이간질을 조장하고 갑질을 서슴지 않고 저지르는 등 많은 직장 내 갈등을 유발하기도 한다.

나는 갑질 조사 업무를 일정 기간 담당한 적이 있다. 갑질을 하는 사람은 정해져 있다. 역량이 안 되는 사람이 조직 내에서 살아남기 위해서 다른 쪽으로 힘을 쓰는 것이다. 정상적인 과정을 통해 입사한 사람에게서는 찾아볼 수 없는 일들이 실제 다반사로 일어나고 있다.

우리가 흔히 이야기하는 학연, 지연, 혈연이 모두 채용과 연관되어 있다. 학연은 대학교보다 고등학교가 더 심하다. 고등학교는 지연과도 연관성이 있고 구성원의 희소성이 있어서 정말 끈끈하다. 특히 사법연수원이라는 공동체가 있는 법조계를 보면 더욱 그러하다. 지연은 아직 우리나라에 만연한 지역주의다. 같은 동향 사람을 우대하고 타지역 출신들을 멀리하는 태도. 이게 지금 우리 선거에까지 아직도 영향을 미치고 있어서 우리 국민의 생활과도 관련이 있는 분야라 하겠다. 혈연은 말할 것도 없다. 지인의 가족, 친척의 취업 청탁은 어제오늘 일이 아니다.

이런 상황에서 채용이 공정하게 이루어질 수 있을까? 공공분야는 블라인드 채용으로 어느 정도 개선이 됐다고 볼 수 있을까? 아직 멀었다. 하물며 민간은 더 말해 무엇하랴? 공공기관은 그나마 국가의 지원금을 받거나 국가로부터 독점적 사업 수행권을 갖기 때문에 국가의 통제라도 받는다. 하지만 사기업은 그야말로 거의 지외법권 지역이다. 어떻게 뽑든지 기업 마음이다. 정부도 통제할 수 없다. 기업의 철저한 재량사항이다. 뇌물 등 범죄행위가 되면 개입이 가능하지만 이걸 밝히기가 쉽지 않다. 누군가 이런 사실을 알고 투서를 넣는다고 해도 그것을 입증하기 쉽지 않으며 기업에서는 관련 정보를 외부에 절대로 오픈하지 않는다. 따라서 기업의 채용 비리는 밝히기가 거의 불가능에 가깝다.

이런 이유로 '블라인드 채용'이라는 것이 공공에 먼저 도입되게 되었다. 어쩔 수 없이 도입된 상당히 부끄러운 제도다. 채용체계가 완벽하게 돌아간다면 사실 백해무익한 제도이기 때문이다. 또한 이에 따라 채용시스템이 수박 겉핥기가 돼버렸다. 한 사람을 평가하기 위해서 그 사람의 스펙과 학력, 상훈, 경험 등을 종합적으로 살펴봐야 함에도 모든 기록을 가리고 단순히 필기시험과 면접으로(필기시험이 없으면 단지 면접만으로!) 몇 분씩 본다고 그 사람에 대해 무엇을 알겠는가? 참 답답한 일이다.

한 면접위원은 '블라인드 채용으로 인해 제대로 된 인력을 뽑을 수 없다. 직무능력보다는 공정성이 우선시되기에, 직무능력만을 본다는 블라인드 채용이 오히려 뜬금없는 사람을 채용하고 있다'고 불만을 토로했다.

'채용 비리' 문제를 해결하기 위해서는 블라인드 채용은 없어져야 한다. 앞에서도 이야기했지만 '지방인재 채용목표제'와 '블라인드 채용'은 뒤집어보면 역차별을 조장할 수 있다. 제도란 것이 득 보는 사람이 있으면 반드시 피해 보는 사람이 있기 마련이다. 더욱이 제도가 새로 신설되거나 변경되면 기존에 피해를 보던 사람이 득을 보기도 하고 득 보던 사람이 갑자기 피해자가 되기도 한다. 이를 정책상의 결정 문제라고 한다면 상당히 무책임한 말이다. 우리가 진정으로 궁극적으로 해결해야 하는 현안이 무엇인지를 고민하지 않고 표면적으로 드러나는 문제에만 집착하는 것이 아닌가 하는 생각이다.

나는 면접위원으로 가끔 면접장에 들어간다. 특히 프레젠테이션 발표에 들어가 보면 발표 자료에 이메일 등이나 지도교수 이름, 경험에서 이미 이 사람이 어느 대학을 나오고(전공이 무엇인지는 당연히 선발하는 분야가 있기 때문에 알 수 있다!) 지도교수가 누구인지 쉽게 알 수 있다. 또한 서류평가 시에는 이메일을 적으면(가령 서울대라면 @snu.ac.kr이라고 쓰여 있음) 알 수 있으며, 심지어 자기소개서 내에도 교묘하게 녹여내는 경우가 많다. 이런 상황에서 '블라인드 채용'이 오히려 지원자의 정보를 가려서 판단의 기준을 흐트러뜨리는 것이 아닌가 하는 걱정도 든다.

블라인드 채용을 제대로 하려면 완벽하게 블라인드 형태로 진행하고 채용에 시간을 충분히 확보해야 한다. 이것이 선행되지 않으면 앞의 문제점들은 계속 발생할 것이다. 그러면 블라인드 채용도 말 그대로 블라인드 형태가 돼버린다. 사람을 뒷배경을 보지 말고 그 개인의 능력을 보라는 대명제에 충실하기 위해서 블라인드 채용이 도입되었지만, 그 이면에는 이런 씁쓸함이 자리 잡고 있다.

어느 제도이건 운영하다 보면 문제점은 나오기 마련이다. 세상에 완벽한 제도는 없다. 그렇다고 손바닥 뒤집듯이 함부로 바꿀 수도 없다. 일정 기간 운영하면 결국 제자리를 잡을 것으로 보인다. 시간의 축적이 문제점들을 양산해내고 또 그것들을 해결할 것이라고 믿는다.

16

NCS 채용, 걱정할 필요가 없다
- NCS 기반 채용의 의미

공공기관 취업을 준비하다 보면 참 많이 듣는 말이 NCS 채용이다. 공공기관이라면 너나 할 것 없이 NCS 기반 채용 방식으로 바뀌었기 때문이다. 그럼 NCS 채용이란 과연 무엇일까? 왜 공공기관 이야기만 나오면 다들 NCS를 부르짖는 것일까?

결론부터 이야기한다면 NCS는 너무 걱정할 필요가 없다. 이는 구직자보다는 채용을 주관하는 회사를 위해 필요한 것이며, 이 제도 시행 전에도 이미 있었던 것을 NCS라는 이름으로 교묘하게(?) 포장하여 구조화한 것에 불과하다.

실제 공공기관들은 대부분 NCS(National Competency Standards) 기반으로 채용을 진행한다. 정부에서 NCS 기반 채용을 강제했기 때문이다. NCS는 그대로 번역하면 '국가직무능력표준'을 의미한다. 국가직무표준이란 과연 무엇일까? 정부에서는 이것을 왜 만들었을까?

그럼 지금부터 국가직무능력표준(NCS)이란 도대체 무엇인지 알아보도록 하자. 국가직무능력표준의 정의는 다음과 같다.

> ### 〈NCS의 사전적 정의〉
> 산업현장에서 직무를 수행하기 위해 요구되는 지식, 기술, 태도 등의 내용을 국가가 체계화한 것

여기서 지식, 기술, 태도를 흔히 KSA(Knowledge, Skill, Attitude)라고 부른다. 실제 채용공고에 첨부된 '직무기술서'를 보면 '필요지식, 필요기술, 직무수행태도'가 나와 있다. 이것이 NCS의 핵심이자 3요소이다.

NCS는 일반기업에게는 강제사항이 아닌 선택사항이다. 하지만 공공기관은 NCS가 의무화되었다. 따라서 공공기관에서 인재를 채용하려면 NCS 기반으로 채용해야 한다. 실제 공공기관 채용공고를 보면 NCS 기반 직무설명 자료를 공고에 함께 게재한다.

직무수행능력과 직업기초능력

NCS는 크게 2가지로 구성된다. 하나는 '직무수행능력'이고 다른 하나는 '직업기초능력'이다. '직무수행능력'은 해당 분야의 특정 업무를 수행할 수 있는 전공능력을 말한다. 다시 말해 '전문성 능력'이다.

'직업기초능력'은 직장인이라면 공통으로 갖추어야 할 능력을 말한다. 총 10개로 구성되어 있다. 자세히 보면 원래 있던 것들이다. 없던 것을 만들어 낸 것이 아니다. 그래서 우리가 NCS에 대해 너무 걱정할 필요가 없다는 것이다.

결국 NCS 채용은 '능력중심'으로 채용하겠다는 것을 의미한다. '사람중심'이 아닌 '능력중심' 채용체계이다. 능력중심 채용이란 다른 무엇보다 오로지 '업무를 할 수 있는 능력만 보겠다'는 의지의 표현이라 할 수 있다.

NCS 3단계 : 서류, 필기 그리고 면접

NCS 채용은 채용단계별로 구분하면 크게 3가지 단계로 구분할 수 있다. 서류, 필기, 면접이 그것이다. 역시 NCS 이전 채용과 크게 다를 바 없다.

서류단계

NCS에서 '서류'란 서류전형을 의미한다. 서류전형의 시작은 채용 공고에 선발하는 대상을 명확히 공지하는 데서 시작한다. '우리 회사란 이런 능력을 갖춘 사람을 뽑겠습니다'라는 의미이며 서류평가 시 직무기술서에서 나온 내용을 그대로 활용한다. 따라서 과거에 선호했던 오버스펙자를 채용하는 것보다 온스펙(On-spec) 즉, 직무기술서의 범주에 들어오는 사람을 채용하는 것을 목표로 한다.

서류단계에서는 3가지를 제출해야 한다.

> 1. 입사지원서(이력서)
> 2. 직무능력소개서
> 3. 자기소개서

첫째는 입사지원서(이력서)이다. 입사지원서는 지원자 식별을 위한 최소정보를 요구하고 있다. 즉, 직무수행에 필요한 최소한의 정보를 제시하도록 한다. 학력, 성별 등 채용직무 수행과 직접 관련이 없는 사항은 제외하도록 권고하고 있다. 기본정보 외에 NCS 관련 교육·훈련, 자격 사항, 경력·경험을 기입하도록 되어 있다.

> **<직무와 무관한 사항>**
>
> 사진, 나이, 본적, 출신학교, 학교 소재지, 특기, 가족관계, 신장, 몸무게, 해외 경험(여행, 연수 등), 자가·월세, 부모님 정보(나이, 학력, 직업 등)

둘째는 직무능력소개서다. 직무능력소개서는 쉽게 말해 '경력'사항을 작성하는 것이다. 직무와 관련한 직업을 가졌다면 '경력기술서'를 작성하고, 직무와 관련한 경험(가령, 봉사활동)을 했다면 '경험기술서'를 작성하면 된다. 경력에 관한 사항이므로 없으면 작성하지 않아도 된다.

셋째는 자기소개서다. 자기소개서는 지원동기와 조직적합성, 직무적합성을 적는다. 지원동기는 이 회사에 왜 지원했는지, 이 회사에서 나를 왜 필요로 하는지를 적으면 된다. 조직적합성은 이 조직에서 내가 어떤 역할을 할 수 있고, 조직에 내가 어떻게 적응할 수 있는지에 대해서 서술해야 한다. 직무적합성은 내 역량이 회사에서 직무로서 어떻게 나타날 수 있는지 즉, 직무와 내 역량의 연관성을 설명하면 된다.

실제 질문은 다양한 사례를 통해 제시되지만 크게 지원동기, 조직적합성, 직무적합성에 포함되는 것이라고 보면 된다. 가령 다음과 같다.

[문제해결능력] 예상치 못한 난관이 부닥쳤을 때 책임감을 느끼고 끝까지 포기하지 않고 업무를 수행하여 성공적으로 마무리한 경험이 있으면 서술하시오.
[대인관계능력] 약속과 원칙을 지켜 신뢰를 형성·유지했던 경험에 관해 설명하시오.

기존의 자기소개서는 지원동기, 성장 과정, 어려운 일을 극복한 경험, 입사 후 포부, 10년 후 내 모습처럼 다소 직무와는 무관한 내용을 작성하게끔 하였다. 그래서 직무와 관련한 본인의 특장점을 표현하기 힘들었다. 그러나 NCS 기반의 자기소개서는 '직무기술서'에 제시된 '직업기초능력'과 '직무수행능력'을 측정하기에 자신을 드러내기에 효율적인 질문으로 구성되어 있어 지원자의 직무역량을 구체적으로 드러낼 수 있게 되었다.

필기단계

필기단계에서는 인적성 검사와 직업기초능력, 직무수행능력을 평가한다. 인적성 검사는 점수가 아닌 가부의 문제이다. 통과 아니면 탈락이다. 직업기초능력은 직업기초능력 10개 영역 중 지원자에게 요구되는 핵심 영역을 평가한다. 보통 10개 중 회사에서 선택한다.

〈직업기초능력〉

1. 의사소통능력 - 문서이해능력, 문서작성능력, 경청능력, 의사표현능력, 기초외국어능력
2. 수리능력 - 기초연산능력, 기초통계능력, 도표분석능력, 도표작성능력
3. 문제해결능력 - 사고력, 문제처리능력
4. 자기개발능력 - 자아인식능력, 자기관리능력, 경력개발능력
5. 자원관리능력
6. 대인관계능력 - 팀워크능력, 리더십능력, 갈등관리능력, 협상능력, 고객서비스능력
7. 정보능력 - 컴퓨터 활용능력, 정보처리능력
8. 기술능력 - 기술이해능력, 기술선택능력, 기술적용능력
9. 조직이해능력 - 국제감각, 조직체제이해능력, 경영이해능력, 업무이해능력
10. 직업윤리 - 근로윤리, 공동체윤리

직무수행능력평가는 직무에 필요한 전공능력평가다. 중요도, 난이도, 빈도를 고려하여 출제한다. 이 외에도 선택평가가 있다. 선택평가는 기관 특성에 따라 추가로 평가하는 것으로 보통 한국사(최근 강조)나 상식을 주로 본다.

면접단계

면접은 핵심 능력을 구조화된 면접방식으로 평가한다. 즉, 경험, 상황, PT, 토론·토의. 인성을 평가하며 구조화된 면접이기 때문에 비체계적이거나 개인사 관련 질문은 지양해야 한다. 그 핵심 가치는 다음과 같다.

> 1. 일관성: 누구에게나 동일한 질문을 준다.
> 2. 구조화: 진행 및 평가 절차의 체계성
> 3. 표준화: 평가의 타당성, 항목별 척도
> 4. 신뢰성: 개별 면접관 및 면접관 간 신뢰도 확보(전문교육)

국가직무표준의 핵심은 사람이 아닌 자리이다. 자리를 먼저 확정해놓고 그 자리에 맞는 사람을 뽑겠다는 것이다. 결국 자리가 중요해졌다. 지원자 자리를 보고 자신이 적합한 인재인가를 고민하면 된다. 과거에는 안 그랬다. 나의 역량을 키워놓고 '시켜만 주십시오!' 하던 시대였다. 이젠 그렇지 않다. 우리 팀에는 이런 자리가 필요하니 여기에 적합한 사람이 지원하라는 것이다.

국가직무 능력표준의 핵심은 결국 '직무분석'이다. 직무분석 역시 원래 없었던 것이 아니다. 이미 오래전부터 있었던 것이다. 이것은 조직 관리와도 연계된다. 조직에서 정원 관리를 할 때 직무분석을 통하기 때문이다. 가령 반도체를 만드는 회사라고 한다면 생산조직, 연구조직, 판매조직, 지원조직이 필요할 것이다. 각 조직별로 세부 조직이 정해지고 세부 조직 내에서도 구체적으로 해야 할 일이 정해진다. 이러한 일을 분석하는 것을 직무분석이라고 한다. 어떤 일이 있고 그 일에 몇 명의 맨파워가 필요하고 앞으로 어떻게 변동될 것인가를 예측한다. 그리고 적절한 인원수를 산출한다. 이게 바로 직무분석이다.

직무분석이라는 시스템을 통해 국가직무표준이라는 것도 생겨났다. 이 자리에는 이런 사람이 필요합니다, 하는 것을 전 분야에 걸쳐 마치 과학기술계의 '국가 과학기술 분류', 의료계의 '질병코드', 도서관의 '한국 십진 분류표'를 만드는 것처럼 일자리를 그러한 분류체계로 만든 것이다.

결론적으로 국가직무표준은 너무 걱정하지 않아도 된다. 구직자를 위한 것이 아니라 다분히 채용하는 회사를 위한 것이다. 물론 여기서 구직자가 필요한 정보를 얻을 수는 있지만 어디까지나 그것은 반사적 이익에 불과하다. 회사를 위한 것이니 단지 채용 시 미리 알고 참고만 하면 된다. 유의할 것은 회사도 형식적으로 만드는 것이지 이것에 크게 구속되지 않는다는 점이다. 따라서 NCS에 너무 목매지 말자. 어차피 채용의 중핵은 예나 지금이나 크게 변함이 없다. 다만 NCS라는 용어가 하나 추가된 것에 불과하다. 공부 잘하는 사람은 시험제도가 어떻게 바뀌어도 크게 바뀌지 않는다. 클라스는 영원한 법이니까!

17

공공기관, 스펙은 얼마나 볼까?

- 스펙에 관한 불편한 진실

　취업 상담을 하다 보면 스펙에 목메는 사람들이 의외로 많다는 것을 알게 된다. 취업준비생뿐만 아니라 취업과 무관한 일반인들도 스펙에 대한 잘못된 편견을 가지고 있다. 일반 기업에 취업할 때는 스펙이 중요하지만, 공공기관 취업에서는, 적어도 내 생각엔, 우리가 생각하는 것처럼 그렇게 중요하지 않다.

　블라인드 채용으로 채용 환경이 변화하면서 스펙의 정의 내지 무게중심도 자격증 취득과 사회적 경험으로 이동됐다. 하지만 많은 지원자가 여전히 스펙을 맹신하거나 과신하는 것 같다. 내가 말하고자 하는 바는 스펙이 중요하지 않다는 것이 아니라 여러분이 생각하는 것처럼 스펙에 너무 목맬 필요가 없다는 점이다. 소위 스펙 과신 내지 스펙 맹종에서 벗어나야 한다. 즉, 좀 더 현실적으로 접근할 필요가 있다는 말이다. 가령 학점이 높다고, 토익 점수가 900점대라고 그 사람을 우대해줄까? 그런 것은 우대사항이 아니라 그저 밑바탕에 깔리는 기본에 불과하다. 너무 낮지만 않으면 대세에 큰 영향을 미치지 않는다는 말이다.

나는 채용 과정을 직접 접하면서 밖에서 보는 것과 안에서 생각하는 것이 꽤 차이가 있다는 생각을 자주 했다. 그 핵심이 바로 스펙 과신 내지 스펙에 대한 오해이다. 동가홍상이라고 이왕이면 고스펙이 좋겠지만 최근 채용 환경의 메커니즘이 고스펙자를 우대하는 방향으로 흘러가지 않는다는 점을 알 필요가 있다. 결론적으로 스펙에만 너무 목을 맬 필요는 없다. 우리가 생각하는 것보다 스펙이 합격에 큰 영향을 미치지 않는다는 점을 기억하자.

토익과 학벌 맹신론자들

수년 전 한 공기업에 엄청나게 많은 수험생이 지원하자 필기시험을 볼 수 있는 대상 인원을 토익 점수 상위자 기준 10배수로 컷오프를 한 적이 있다. 필기시험을 모두 볼 수 없기에 나름의 기준으로 필기시험 대상자, 즉 서류통과자를 정한 셈이다. 이런 경우라면 토익점수가 대단히 중요하다. 자칫 필기시험 치를 자격조차 없어질 수 있기 때문이다. 그 당시 내 기억으로는 토익 컷이 920점이다 925점이다 해서 이야기가 많았다.

입사 지원 시 영어점수를 일정 점수 이상 요구할 경우 그 점수만 넘으면 회사에서 영어 점수로 크게 문제 삼지 않는다. 나 역시 공공기관에 취업할 때 자격 조건이 700점 이상이었고, 700점에서 조금 넘는 점수로 합격했다. 즉, 자격 조건만 통과하면 점수가 높다고 가점을 주지 않는다는 말이다. 700점 미만자가 지원하면 서류에서 탈락시키지만 700점 넘는 지원자가 많다고 해서 고득점자순으로 서류전형의 합격자를 정하지도 않는다. 토익 점수는 900점 넘어도 막상 말을 시켜보면 외국인과 대화를 못 하는 경우가 허다하다. 회사에서도 이를 잘 알고 있다. 대화 가능 여부와 실전 영어, 그리고 수험 영어는 완전히 다르다는 사실을. 입사 영어점수는 크게 믿을 만한 것이 못 된다는 생각이 대다수 채용관계자의 보편화된 생각이기도 하다.

학벌도 과거에 스카이 대학을 우대했다는 이야기를 들었지만, 최근에는 어느 수준만 되면 소위 대학으로 줄을 세우는 일은 없다. 합격자의 출신 대학을 봐도 특정 대학에 몰리는 일은 거의 없다. 여러 대학에서 골고루 입사한다. 특정한 경향성이 없는 셈이다. 그러니 학벌에 대해서는 크게 걱정할 필요가 없다. 더욱이 블라인드 채용이 도입되면서 출신 학교를 가지고 당락을 결정하는 일은 거의 없어졌다고 보면 된다.

차라리 자격증을 준비하라

최근 NCS와 블라인드 채용이 공공기관 채용의 기본 기조가 되면서 서류전형의 벽은 낮아지는 추세다. 따라서 스펙에 대한 스트레스는 그만 내려놓자. 지금 와서 어찌 노력해도 해결될 상황도 아니지 않은가? 차라리 지금이라도 서둘러서 지원 분야의 자격증을 취득하도록 노력하자. 당연히 갖추어야 할 자격증은 말할 것도 없다. 여기에 플러스알파를 할 수 있는 자격증을 추가로 취득할 것을 권한다. 가령 산업안전기사가 있다면 여기에 산업위생기사를 따면 취업에 성공할 확률이 대단히 높아진다.

내가 평가위원으로서 전형과정에서 가장 신뢰하지 않는 것이 한자 능력, 컴퓨터 활용능력, 국사시험 점수다. 한자는 기본적으로 쓸 일이 없고, 한자가 필요한 직종은 업무를 하다 보면 자연스레 알게 된다. 마치 회사에서 특허담당자를 뽑는데, 채용담당자에게 '특허 업무를 전혀 하지 않은 백지상태의 직원을 선발했으면 좋겠습니다'라고 한 선배 직원의 발언과 다르지 않다. 어설프게 아는 지원자보다는 차라리 아무것도 모르는 사람이 스펀지처럼 쭉쭉 새로운 지식을 습득하는 데 유리하기 때문이다. 모든 업무는 어차피 들어와서 다시 배워야 한다. 회사마다 다르고 사람마다 다르기 때문이다.

제발 한자 능력, 컴퓨터 활용능력, 국사 시험 점수니 하는 자격에 목메지 말자. 이런 자격은 그 노력에 비해 공공기관 채용에 그다지 큰 힘을 발휘하지 못한다. 그걸 공부할 시간에 차라리 기사 자격증을 하나라도 더 따도록 노력하라. 민간협회에서 하는 자격증도 회사에서 그다지 알아주지 않는다. 처음 들어보는 민간 자격증을 잔뜩 적어놓은 지원자에게 면접관이 이것들이 도대체 뭐냐고 질문하는 걸 보고

'왜 저런 자격증을 땄지?' 하는 생각을 했다. 그다지 어필이 안 된다. 단, 본인이 입사하고자 하는 회사에서 특정 자격증에 가점을 주거나 할 경우라면 그 자격증은 눈에 불을 켜고 취득할 필요가 있다.

　중요한 것은 직무 관련성이다. 특히 이공계 준비생은 전공 관련 자격증이 무조건 있어야 한다. 늦어도 대학교 2, 3학년 때 미리 취득해 놓도록 하자. 토목 전공자가 토목기사자격증도 없으면 누가 뽑으려고 하겠는가? 필수자격증은 묻지도 따지지도 말고 무조건 취득해야 한다.

　많은 지원자가 가장 착각하는 것이 인턴 경험이다. 맛보기 차원에서 경험하는 수준이 인턴인데 마치 그 회사에서 제대로 근무한 것처럼 말하는 지원자들이 있다. 회사에서는 인턴으로 몇 달 일한 것을 인정해주지 않는다. 그런 단기간의 공공기관 체험이 도움이 되겠다고 생각하는가? 절대 그렇지 않다.

18

지피지기 백전백승, 나를 돌아보자!
- 스스로를 객관적으로 바라보자

채용공고를 보면서 다들 이런 생각을 한다. 이 회사에 합격하고 나서 펼쳐질 찬란한 내 인생. 마치 로또를 사면서 당첨되면 무엇을 할지 상상하는 것과 같다고 할 수 있다. 입사하면 이사는 가야 할까? 혹은 애인이랑 헤어져야 하나? 원정 연예를 해야 하나? 첫 월급을 받으면 어디다 쓰지? 저축은 얼마나 해야 할까? 다들, 마치 자기가 합격한 것처럼 생각한다. 이런 상상은 잠시라도 가져보는 것이 좋다. 이미지 트레이닝에 좋기 때문이다. 영화 제목처럼 상상이 현실이 될 수도 있으니까.

채용 상담을 하면서 느낀 점 중 하나는 지원자 중 본인의 상황을 전혀 파악하지 못하는 사람이 꽤 많다는 사실이었다. 인간은 다들 자기중심적으로 생각하기 때문에 자신이 무슨 대단한 사람인 양 착각하는 경향이 있다. 그게 잘못은 아니다. 지극히 자연스러운 인간의 본성이다. 어느 정도 필요하기도 하다. 자존감이 없는 사람보다는 있는 사람이 더 성공할 확률이 높기 때문이다. 하지만 본인의 정확한 상황도 알지 못하면서 무턱대고 취업에 성공하기를 꿈꾸는 그런 무책임한 지원자도 상당히 많다. 이는 자신을 제대로 돌아보지 못하는 데서 발생한다. 소위 채용하려는 회사와 지원자와의 눈높이의 미스 매칭이다. 그럼 이런 현상은 왜 발생할까? 결국 자신의 수준, 자신의 현재 위치를 정확히 파악하지 못하는 데서 발생한다.

나만의 USP를 찾아라

마케팅 기법 중에 USP(Unique Selling Point) 기법이 있다. 일본의 유명한 소설가 엔도 슈사쿠(遠藤周作)는 이를 'X'라고 표현했다. 남들과 다른 무엇인가를 이루어내는 사람에게는 다른 사람에게는 없는 무엇인가 특별한 것(Something Special)이 있는데 이를 'X'라고 불렀다. 이는 채용에서도 똑같이 적용된다. 남과 다른 차별점, 회사에서 지원자를 뽑아야 하는 절실한 이유, 지원자가 회사에 가져다줄 수 있는 이익은 무엇인가? 타 지원자와 구별되는 지원자만의 독특한 장점은 무엇인가?

어느 조직도 그저 그런, 평범한 직원을 원하지는 않는다. 무엇인가 회사에 이익이 되고 도움이 될 수 있는 사람을 찾는다. 이것이 회사가 원하는 진정한 인재상이다. 그렇고 그런, 아무 특징도 장점도 없는,

그저 무난한 직원을 필요로 하는 자리도 분명히 있지만, 대부분의 회사는 그렇게 여유롭지 않다.

USP 기법은 비단 마케팅뿐만 아니라 우리 인간의 삶의 전 영역에 걸쳐 적용될 수 있으며 그 중핵은 차별화 전략이다. 가장 평범한 혹은 가장 무난한 것이 죄악이라는 마케팅 속설처럼 무엇인가 특별한 것을 요구한다.

USP 기법은 마케팅 기법으로 독창적 판매 전략으로 활용되지만 채용시장에서도 이 전략이 정확히 먹힌다.

〈USP 기법의 채용시장에서의 적용〉

저는 ___①___ 라는 장점이 있습니다.
___②___ 라는 장점을 통해 제가 지원하는 회사는
___③___ 의 이익을 얻을 수 있습니다.
왜냐하면 저에게는 ___④___ 라는 차별점이 있기 때문입니다.

여기서 첫 번째 ①,②는 본인만이 가지는 차별적 장점을 나타내고, ③은 그렇게 해서 회사가 얻을 수 있는 이익이나 효과를 나타낸다. ④는 지원자가 가진 히든카드 즉, 비장의 카드다.

가령 10명을 뽑는데 지원자가 200명이라고 생각해보자. 200명 중 나보다 나은 사람이 10명은 없을까? 분명히 있다. 결국 나는 10명 안에 당연히 포함될 수 없다. 그렇다면 어떻게 해야 할까? 그냥 평범하게 지금껏 해왔던 것처럼 순리대로 진행해야 할까? 그럼 거의 99%

탈락이다. 따라서 주어진 한정된 시간과 기회 속에서 내 장점을 그대로 보여주어야 한다. 그것이 바로 USP 기법이다.

지금부터 자신을 돌아보자. '너 자신을 알라'는 소크라테스의 말처럼 나는 어떤 사람이고 내 특장점은 무엇인지 곰곰이 생각해보자. 내 경력이나 이력, 혹은 스펙에서 USP를 찾지 못하겠는가? 그럴 경우 USP를 만들어야 한다. 그리고 내 몸에 장착해야 한다. 그래야 입사에 성공할 수 있다. 이러한 전략을 '차별화 전략' 혹은 'Only One!' 전략이라고 한다.

4유형 중 합격하는 유형

입사전형을 진행하다 보면 지원자는 크게 네 부류로 나뉜다.

〈지원자의 4유형〉

1분류 - 너무 뛰어나서 우리 회사에 오면 안 되겠다.
　　⇨ 이런 분들은 감당 곤란이다. 나보다 뛰어나면 안 된다. 탈락!
2분류 - 대체로 괜찮고 뽑고 싶다.
　　⇨ 합격!
3분류 - 무난하긴 한데 도대체 장점을 모르겠다.
　　⇨ 2분류 덕에 불합격!
4분류 - 함량 미달이다. 무슨 용기로 지원했는지 모르겠다.

1분류는 정말 뛰어난 사람들이다. 오버-스펙자가 여기에 해당한다. 이런 사람을 보면 겸손하면 다행인데, 자기 어필을 과하게 하다가 주로 실기한다.

2분류는 서류상으로도, 면접 때도 무난하다. 오버하지만 않는다면!

3분류는 뭔가 아쉽다.

4분류는 막 화가 난다.

입사 준비할 때 제일 중요한 것이 겸손함이다. 예의 바르고 진중한 모습을 보여줘야 한다. 즉, 드러내되 대놓고 들어내지 말아야 한다. 물론 그 전에 자격증 등 기본적인 자격을 갖추고 거기에 더해 차별화 전략까지 갖춘다면 금상첨화다. 차별화 전략이 없으면 3, 4분류의 나락에 떨어지고 만다.

　매년 공공기관 채용박람회가 열린다. 이런 행사가 개최된다는 것을 알게 되면 공공기관을 준비하는 분이라면 누구나 관심이 가고 마음이 쓰이는 것이 사실이다. 특히 입사하기를 원하는 공공기관의 정보를 얻고 행사에 참여하고 싶은 그 마음은 충분히 이해하고도 남음이다.

　채용박람회에 참석하는 것을 반대하지는 않지만, 큰 기대도 금물이다. 여기서 무엇인가 대단한 정보를 얻어가려는 생각도 가지지 말기를 바란다. 채용박람회는 그야말로 이벤트성 행사이다. 수박 겉핥기식이란 말이다. 따라서 정보를 취득하기 위해서라기보다는 그냥 동기부여 차원에서 머리도 식힐 겸 참석해보는 것을 추천한다. 굳이 가겠다면!

　유튜브와 같은 SNS 채널에서 공공기관 채용박람회를 검색하면 많은 기사나 정보가 나온다. 관련 동영상을 보고 대략적인 분위기만 익히면 충분하지 않을까 하는 생각이다. 물론 실제 박람회 행사에 참여하여 기관별 채용 요강도 들어보고 기관별 채용 부스를 통한 상담은 취업 의욕을 불태우는 데 효과적인 동기부여의 수단이 될 것이다. 특히 채용박람회에서는 소위 취업특강이라는 것을 하는데, 이러한 특강을 들으며 나름대로 결의를 다지는, 유익한 시간을 보낼 수도 있다. 또한 코레일, 수자원공사 등 메이저 공기업은 매년 채용 전에 필기시험 예시 문항을 공개하는데 이런 자료는 분명히 가치가 있다고 생각된다.

하지만 제주도나 울릉도, 혹은 강원도 첩첩산중에 사는 분이 반드시 채용박람회에 참석해야겠다는 의무감을 가질 필요는 없다. 비용 대비 효과가 그다지 크지 않기 때문이다. 차라리 그 시간에 채용에 필요한 준비에 최선을 다하는 것이 옳지 않을까? 다시 말하지만, 채용박람회는 시간이 지남에 따라 처음의 굳건한 결의를 잃은 분들이 다시금 마음을 다잡기 위한 수단이나 휴식, 즉, 리프레시 수준이라고 생각하자.

채용박람회에 참가한 공공기관은 자발적으로 원해서 나왔을까? 절대 그렇지 않다. 공공기관을 관장하는 '기획재정부' 혹은 주무부처에서 참여하라고 하니 억지로 나가는 것이다. 실제 공공기관에서는 이런 행사다 이벤트다 해서 참여를 반강제적으로 독려 받는 경우가 많다. 철저한 '을'의 입장인 공공기관에서는 싫어도 '울며 겨자먹기' 식으로 참여해야 한다. 이벤트는 이벤트일 뿐 그 이상도 이하도 아니다.

제4장

NCS 기반 채용
- 서류 및 필기 -

19

평범한 자기소개서는 이제 그만!
- 남과 다른 자소서를 만드는 법

기독교의 유명한 목사 빌리 그레이엄은 '그리스도인이라면 반짝이는 다이아몬드처럼 눈에 확 띄어야 한다'고 말했다. 이 말은 많은 의미를 함축하고 있지만, 종교적인 관점에서 벗어나 생각해보면, 채용시장에서 취업준비생이 가져야 할 자세를 가장 적확하게 표현하고 있다.

그렇다. 취업준비생이라면 공공기관 취업시장에서 반짝이는 다이아몬드처럼 눈에 확 띄어야 한다. 수많은 인사담당자가 항상 하는 말이 있다. 지극히 평범하다, 하나같이 다 똑같다, 별 특징이 없다, 등등. 왜 자꾸 이런 말을 하는 것일까? 지원자가 너무 많기 때문이다. 채용 예정 인원보다 지원자가 적거나 비슷하다면 전형 절차에서 큰 잘못만 하지 않는다면 비교적 수월하게 합격할 수 있다. 하지만 경쟁이 붙는 순간 이야기가 달라진다. 타 지원자를 이겨야 내가 채용될 수 있다. 남보다 뛰어난 무엇인가를 어필해야 하고 이게 전형위원을 납득시켜야 채용에 성공할 수 있다는 말이다.

면접에 들어가면서 느끼는 가장 아쉬운 점은 시간이다. 면접 시 한 사람에게 허락되는 시간이 길어야 20분, 보통 10분 남짓이다. 이 정도 시간으로 그 사람을 제대로 파악할 수 있을까? 시간을 늘려 지원자에 대한 심층 면접을 하면 좋으련만 오히려 개인당 면접 시간은 해가 갈수록 줄어들고 있다. 면접은 이미 제출한 서류를 확인하는 정도의 역할로 점점 축소되고 있다. 반대로 이야기하면 자기소개서의 역할이 그만큼 중요해졌다는 말이다. 자기소개서는 서류 단계에서 당락을 결정하는 주요 요소이자, 면접 때 질문의 원천 내지 근거자료로서 역할을 한다. 전형 과정 전체에 걸쳐 상당히 중요한 요소로 작용하는 셈이다.

채용 절차를 유심히 살펴보면 전형 단계별로 전형위원이 모두 다르다는 점을 알 수 있다. 서류전형에 참여한 전형위원은 면접전형에 참여하지 않는다. 이 역시 객관성 담보를 위한 조치이다. 따라서 각 전형에서 사전에 자료를 보고 참석하는 평가위원은 없다. 당일에 자료를 배포하기 때문이다. 지원자가 많아서 미리 자료를 읽지도 못한다. 그때그때 읽을 수밖에 없다. 이런 상황이니 자소서 역시 시간을 두고 천천히 읽지 못한다. 키워드 위주로 보게 되는데, 이런 이유로 눈에 띄는 부분을 집중적으로 질문하게 된다. 이래서 자소서 작성 형식이나 방법이 중요한 것이다.

전형 절차에서 자기소개서는 매우 중요한 역할을 한다. 따라서 자소서를 작성할 때도 지원하는 회사의 맞춤형으로 최선을 다해 정성스레 작성해야 한다. 또한 서류전형 시 전형위원이 보아야 하는 자기소개서의 양을 짐작할 수 있다면 작성에도 적당한 요령이 필요하다. 세상 모든 일에는 노력에 상응하는 만큼의 요령도 필요하다. 노력 없는 요령, 요령 없는 노력으로는 생각대로 되지 않는 것이 세상 이치이다. 열심히 하는 것으로는 부족하고 '열심히 잘!'해야 한다.

나는 무슨 일을 하든지 '그 일을 시작하기 전에 그 분야의 정평이 난 책을 10권 정도 읽고 시작하라'고 항상 이야기한다. 보통 한 분야의 책을 10권 읽으면 그 분야의 전문가까지는 아니더라도 일반인보다는 확실히 많이 알게 된다. 가령 경매에 관한 책을 10권 이상 정독하다 보면 경매전문가까지는 아니더라도 일반인보다는 확실히 낫다. 자소서나 면접도 마찬가지다. 관련 준비를 하기 전에 자소서나 면접에 관한 책을 최소 10권 정도는 읽고 준비를 시작하자. 읽고 시작한 사람과 읽지 않은 사람과는 시작부터, 출발선에서부터 엄청난 차이가 나기 마련이다.

전형위원으로 참석하여 자소서를 읽다 보면 가장 불만인 점이 '내용이 서로 너무 비슷한 걸', '아무 특징이 없네' 하는 등의 진부함과 평범함이다. 쉽게 말해 천편일률적이라는 말이다. 마치 한 취업 강사에게 똑같은 수업을 들은 학생들처럼 죄다 비슷하다. 이런 자기소개서는 쓰지 않느니만 못하다. 가령 이런 자기소개서를 생각해보자.

저는 1994년 서울에서 태어나 모범적인 부모님 밑에서 별 탈 없이 성장하여 올바른 학창 시절을 보내고 무난하게 대학에 입학하여 수업에 열심히 참여하는 대단히 모범적인 학생이었습니다. 약자를 보면 도와주고 싶은 마음이 생기는 따뜻한 마음을 가진 대한민국의 대표적인 청년입니다. 어쩌구 저쩌구 ~~~~

나도 그랬다. 자소서에 대해 모를 때는 이런 평범하고 무난한 방식으로 썼다. 내 본 모습은 면접 때 제대로 보여주겠어, 하는 생각이었다. 이런 생각은 결국 면접장까지 가보지도 못하는 상황을 만들고 만다. 쉽게 말해 이런 자소서는 특징이 없다. 진부하다. 읽다 보면 지루하고 짜증이 나고 초조해지고 맥이 빠진다. 어디서 베꼈는지 모를 아무런 영혼과 감흥도 없는 중성어들. 밋밋함의 극치를 다루는 표현들. 죽은 언어.

그럼 어떻게 써야 할까? 어떤 방식으로 써야 남과 다른 자소서를 쓸 수 있을까? 눈에 확 띄는 문장으로 시작할 필요가 있다. 가령 다음과 같이 쓰면 어떨까?

새롭게 도약하는 서울○○발전과 함께하기 위해 20년간 준비했습니다. 끝없이 펼쳐지는 산티아고 둘레길을 20일간 쉬지 않고 걸었던 굳센 의지와 도전 정신, 매주 사회복지관에서 거동이 불편하신 어르신들을 위한 목욕 봉사를 5년간 쉬지 않고 실천하는 밝고 건전한 정신으로 무장한 젊은 피가 있습니다. 저는 이번에 서울○○발전의 새로운 가치 창조를 위해 지원한 홍길동이라고 합니다.

서류전형에 참여해보면 어찌나 홍보가 잘 되었는지 지원자가 대단히 많을 경우가 있다. 10명을 뽑는데 심지어 5,000명이 지원한 경우도 있었다. 이 경우 지원자의 자기소개서를 읽어야 할 전형위원의 고통을 단 한 번이라도 생각해본 적이 있는가?

천편일률적인 똑같은 경험, 유사한 논리와 표현, 마치 속성으로 배운 듯한 대동소이한 자기소개서를 읽다 보면 전형위원도 사람인 이상 지칠 수밖에 없다. 눈꺼풀이 무겁게 내려앉고 집중력은 어디로 간데없고 정신 줄은 이미 안드로메다로 사라졌다. 그럼 어떻게 해야 할까? 어떤 방식으로 써야 전형위원의 마음을 사로잡을 수 있을까? 본래 위기 속에 기회가 있는 법이다. 해답은 늘 가까이에 있다. 다들 천편일률적으로 쓴다면 거기에 나의 기회를 찾을 수 있지 않을까?

일전에 경품 대왕에 관해 텔레비전에서 방영한 적이 있다. 이분은 우체국 직원인데, 경품 응모만 하면 당첨되는 노하우를 가지고 있었다. 그 당시는 지금처럼 인터넷이 아닌 엽서로 응모하던 시절이었는데, 이분은 절대로 정형화된 관제엽서로 응모하지 않고, 종이박스 등을 잘라서 색칠해서 엽서처럼 사용했다. 수제(핸드메이드) 엽서로 경품 응모를 하면 눈에 확 띄어 경품 당첨 확률이 높다고 했다. 실제 그의 집을 보면 죄다 경품이다. 여기서 중요한 포인트가 나온다. 평범하면 그냥 묻혀버린다는 사실이다. 뭔가 차별점을 찾아야 어필할 수 있다. 앞서 말했듯이 일본의 대문호 엔도 슈사쿠는 이러한 차별점을 'X'라고 표현했다. 여기서 X는 '무엇인가 특별한 것'을 의미한다. 영어로 하면 'Something Special' 혹은 'Somewhat Different'이다. 무엇인가 특별하고도 남들과 다른 차별점이 필요한 것이다. 따라서 자소서는 전형위원의 마음을 사로잡는 차별성 있게 만들어야 한다. 자기소개서는 거기서부터 시작한다.

20

자기소개서를 읽는 데 걸리는 시간
- 간결하게 눈에 띄게 작성해야 하는 이유

우리 인간의 가장 큰 착각 중 하나가 '나를 바라보는 타인의 시선'
이다. 세상 모든 사람이 나에게 관심을 가지고 누구나 한결같이 나를
쳐다볼 것 같지만 실상은 전혀 그렇지 않다. 아무도 나에게 관심도 없
으며 나를 우연히 쳐다보는 사람도 돌아서면 내 존재조차 인식하지
못한다. 그런데도 우리는 타인을 의식하고 그 강박 때문에 많은 일을
그르친다.

채용에서 전형위원이 바라보는 지원자에 대한 자세 역시 이와 다르
지 않다. 별 관심이 없다. 간혹 눈에 띄는 지원자가 있을 때 그 지원
자만 유심히 바라보고 나머지는 조용히 잊힌다. 전형위원이 자기소개
서 한 편을 읽는 데 걸리는 시간은 얼마나 될까? 정성껏 작성한 내 자

소서를 자세히 끝까지 읽어줄까? 그런다면 고맙겠지만 현실은 전혀 그렇지 않다. 딱 10초. 내 경험으로는 길어야 10초다. 읽다 보면 마법처럼 빠져드는 자기소개서가 가뭄에 콩 나듯 간혹 있기도 한데 이런 자기소개서는 시간을 좀 더 할애해 끝까지 읽게 된다. 지극히 평범한 매우 재미없는 자기소개서가 대부분이기는 하지만 마치 무협지를 보듯이 푹 빠져드는 그런 자기소개서도 있다. 물론 자기소개서를 재미로 읽는 것은 아니다. 하지만 전형위원도 사람인 이상 아무래도 눈에 띄고 재미까지 있는 자기소개서에 눈이 가고 더 유심히 보게 되는 것은 어쩔 수 없다.

명심하자. 딱 10초다. '에이 아무리 그래도 그렇지, 자소서를 어떻게 10초 만에 읽습니까?'라고 생각할 수도 있다. 하지만 전형위원이 자소서를 읽는 방식을 안다면 그런 생각이 잘못되었음을 이내 깨닫게 될 것이다. 그럼 10초에 자기소개서를 어떻게 읽을 수 있을까? 산술적으로 보면 매우 부족한 시간임이 틀림없다. 하지만 충분히 가능하다. 정답은 '다 읽지 않는다'이다. 소설책을 읽듯 처음부터 끝까지 집중해서 읽지 않는다. 오히려 비문학 가령 자기계발서를 읽는 방식과 비슷하다. 필요한 정보를 찾아 건너뛰어서 읽는다. 문장을 보지 않고 키워드 위주로 본다. 그래서 시작이 중요하고 단어 선정에 신중을 기해야 한다.

한 채용담당자가 나에게 '자기소개서가 어쩜 그렇게 다 똑같아?'라는 하소연을 하던 기억이 난다. 그 말을 듣고 이제 채용정보나 데이터가 공유되고 축적되어 일정 부분으로 수렴하는 것이 아니겠냐고 이야기했다. 새삼스럽게 그런 이야기를 한 이유는 한 곳에만 지원하지 않고 여러 곳을 지원하는 응시생의 특성상 여러 군데서 통할 수 있는 밋밋하고 평범하고 무난한 자소서를 이미 만들어놓고 회사 이름만 바꾸어 제출하는 경향이 뚜렷하기 때문이다. 무난함이 절대 선이라는 생각과 튀는 돌이 정 맞는다는 공공기관 카페 등의 부적절하고도 무책임한 조언이 한몫한 듯하다.

한 자기소개서에서 지원자가 '저는 이십 번 이직을 한 사람입니다'라고 소개하는 것에 인상 깊어 유심히 지켜봤는데 그 사람이 결국 채용이 되었다는 이야기를 들은 기억이 있다. 물론 그 지원자는 20번 이직을 하지 않았다. 그런 트릭을 써서 자기소개서를 읽어볼 수밖에 없도록 한 것이다. 이 방법이 바람직하다고는 말할 수 없지만 얼마나 자기소개서가 하나같이 비슷하고 재미가 없는지 알려주는 사례라고 할 것이다.

자기소개서를 이렇듯 짧은 시간에 보는 이유는 지원자가 너무 많기 때문이기도 하지만 그 이유는 다른 곳에 있다. 당장 이력서 100장을 읽는다고 생각해보라. 그다지 재미도 없는 원고를 몇십 개 읽다 보면 지치고 현기증마저 생겨난다. 그러니 제대로 볼 리 만무하다. 글자를 읽는 것이 아니라 그림을 보는 것과 같은 현상이 일어난다. 인지를 하는 것이 아니라 예상되는 그저 그런 내용을 '역시나 역시나' 하면서 확인하는 절차에 불과하다.

공기업 경쟁률이 100대 1이라는 한 언론 기사를 접하고 이런 생각이 들었다. 10명 뽑으면 1,000명, 100명을 뽑는다면 10,000명이 지원했을 것이다. 이 사람들의 자기소개서를 과연 전형위원이 읽어보기는 할까? 가뜩이나 블라인드 채용이라 지원자에 대한 기본 정보도 없는 상황에서 한 치 앞도 보이지 않는 안개 속에서 헤매는 것은 아닐까?

정성들여 쓴 자기소개서를 읽지도 않는다면 그것은 지원자에 대한 예의도 아닐뿐더러 무의미한 사회적 행정력의 낭비이다. 하지만 우리는 을의 입장이다. 그런 것까지 고려할 필요가 없다. 다만 자기소개서를 쓸 때는 이런 불편한 진실은 최소한 알고 있어야 한다. 남과 다르게 써야 한다는 사실을. 나를 어필할 시간은 절대 많지 않다. 이 시간에 어떻게든 내 자소서를 읽게 만들어야 한다.

서류전형에 여러 번 참여한 나의 입장에서 이야기해 보면 전형 과정에서 유심히 보는 몇 가지 포인트가 있다. 물론 자기소개서를 읽지 않을 수는 없다. 결국 어떻게든 읽어본다는 이야기다. 하지만 읽어야 할 분량이 대단히 많기에 상당히 기술적으로 훑어본다. 과거 수험공부를 할 때 본문을 건너뛰듯이 본다고 하는데, 딱 이런 모양새다. 그렇기 때문에 자기소개서를 쓸 때는 이 점을 충분히 고려해야 한다. 평가위원에게 집히는 자기소개서를 써야 한다. 차별성 없는 자기소개서는 픽업될 확률이 그만큼 낮다.

간결하게 써야 하는 이유

일전에 한 판사가 판결문을 2,000자 가까이 한 문장으로 써서 화제가 된 적이 있었다. 나도 주 전공이 법학이라 법률 분야의 문장이 얼마나 긴지 여실히 체감한 경험이 많다. 실제 법률 용어나 판결문은 문장을 최대한 길게 가져가는 만연체로 쓴다. 끊어 읽기를 하지 않으면 무슨 말인지 알 수가 없다. 학부생 시절 우리끼리 속된 말로 '자기들끼리 다 헤쳐 먹기 위해 일부러 이렇게 쓴다'라는 말을 한 적도 있다. 일반인이 이해하지 못하게 어렵게 쓴다는 의미다.

글쓰기를 하면서 가장 많이 하는 조언이 '짧게 쓰라'는 것이다. 한때 문장을 길게 쓰는 것이 미덕이라고 하여 너나 할 것 없이 길게 쓰던 시절이 있었다. 짧게 쓰면 좀 유치해 보인다고 생각했다. 실제 글을 보면 짧게 써도 유치하지 않게 잘 쓰는 사람이 있고, 길게 써도 유려하면서 이해하기 쉽게 잘 쓰는 사람도 있다. 무엇이 정답이라기보다는 본인의 스타일에 맞게 써야 하는 것이다. 하지만 이건 어느 정도 글쓰기 수준이 올라와 있는 사람들 이야기다. 그래서 글쓰기에 특출난 재능이 없는 보통 사람들은 의식적으로라도 짧게 쓰는 것이 좋다.

그러면 왜 짧게 쓰라고 하는 걸까? 이유는 간단하다. 짧게 쓰는 글은 읽기 편하다. 가독성이 뛰어나다. 읽는 족족 머릿속에 자연스럽게 입력이 된다.

글은 남에게 보여주기 위해 쓴다. 우리가 쓰는 글은 일기를 제외하고는 타인을 위한 글이다. 일기도 엄밀히 따지면 미래의 나를 독자로 둔 글쓰기다. 그렇다면 모든 글쓰기는 타인에게 읽히기 위해 쓴다고 할 수 있다. 따라서 글을 쓰려면 타인의 입장을 최우선으로 고려하는 것은 당연하다. 독자를 염두에 두고 쓰는 글이라면 독자가 이해하기 쉽게 써야 한다. 그래서 짧게 쓰라는 것이다.

나는 문장이 2줄 이상 되면 무조건 문장을 쪼개라고 한다. 그래야 문장이 산다. 살아있는 문장은 읽기 편한 문장이다. 시중에 나온 글쓰기 책을 보라. 이런 문장은 어느 책에나 다 있다!

간결하게 써라!

명강사는 쉽게 강의한다. 어렵게 강의하는 강사는 뛰어난 강사가 아니다. 잘 모르는 강사다. 잘 아는 강사는 맥을 정확히 짚고 학생들의 입장에서 쉽고 편안하게 가르친다. 이게 강사의 실력이다. 쉽고 간결하게 쓰기 위해서는 몸에 힘을 빼야 한다. 우리가 수영이나 골프를 배울 때도 강사가 수백 번 외치는 것이 이 말이다.

몸에 힘을 빼고 자연스럽게 하세요!

이 말이 진리인 것은 누구나 알지만, 말처럼 간결하게 쓰기가 쉽지 않다. 쓰다 보면 자꾸 문장이 길어진다. 그래서 짧게 쓴다는 의식을 글 쓰는 내내 의식적으로 가질 필요가 있다.

자기소개서도 마찬가지이다. 자기소개서를 쓸 때 잔뜩 힘을 주고 쓰면 문장이 부자연스러워진다. 힘을 쭉 빼고 간결하고 짧게 문장을 써야 한다. 이래야 자연스럽고 술술 읽힌다.

자기소개서를 읽는 시간이 10초 이내라고 생각해보면 왜 자기소개서 문장을 짧게 써야 하는지 잘 알 수 있을 것이다. 긴 문장은 읽기가 싫어진다. 그래서 짧게! 또 짧게!를 외치는 것이다.

문장이 2줄 넘어가면 2개로 쪼개자. 다음과 같이 하면 된다.

음악을 좋아해 하루에 기타 연습을 두 시간가량 하는데, 이 두 시간은 저 스스로 집중할 수 있는 가장 소중한 시간입니다.

⇨ **음악을 좋아해 하루에 기타 연습을 두 시간가량 합니다. 이 두 시간은 저 스스로 집중할 수 있는 가장 소중한 시간입니다.**

21

사람들은 왜 이야기에 열광할까?

- 스토리텔링을 적극 활용해야 하는 이유

일전에 한 공공기관에서 개최한 '기술사업화 우수사례 수기 공모'에서 입상한 적이 있다. 당시 나는 어떻게 하면 입상할 수 있을까 방법론적인 고민을 상당히 많이 했는데, 그 방법 중 가장 방점을 둔 것이 '스토리텔링'이었다. 발표가 아닌 글로 평가가 이루어졌기 때문에 발표보다는 글에 자신이 있던 나로서는 기회라고 생각했고 이야기 형식으로 솔직하고 재미있게 적은 것이 주효했다. 이후 나는 어떠한 형태의 공모전에서건 '이야기 형식' 즉 스토리텔링 기법을 활용해야 함을 더욱더 절실히 깨달았다.

그렇다. 우리 인간은 태생적으로 이야기를 좋아한다. 신이 인간을 만들 때 그렇게 만들었다. 단순히 '정보의 획득'만을 원한다면 우리는 소설을 읽거나 영화를 볼 필요가 없다. 요약본이나 자료를 보면서 그에 대응하는 정보만 취득하면 되니까. 이야기 속에는 재미와 감동이 있고 손에 땀을 쥐게 하는 스릴도 있다. '전쟁은 참혹하다'고 백날 이야기해봐야 소용없다. 와닿지 않기 때문이다. 하지만 흙탕물에서 건져낸 빵을 주워 먹는 팔 하나 없는 소년의 이야기는 전쟁의 참혹함을 표현하는 데 가장 효과적임은 이루 말할 필요가 없다. 그래서 '말하지 말고 보여주기'를 항상 강조하는 것이며, 그 중핵에는 스토리텔링이 있다.

나는 이 책을 쓰기 전에 이미 여러 권의 책을 썼다. 그중 한 주제가 글쓰기와 책 쓰기로, 나는 이미 마음을 움직이는 글쓰기 4부작을 시중에 출시했다. 4권의 책에서 어느 하나 빠지지 않고 강조한 이야기가 몇 개 있는데 그중 가장 대표적인 것이 바로 '스토리텔링'이다. 스토리텔링은 '지어낸 말'이다. 쉽게 말해 이야기다. 자기소개서가 소설이나 희곡, 극본도 아닐 진데 왜 도대체 스토리텔링 즉, 이야기 형식으로 쓰라고 하는 것일까?

정답은 간단하다. 재미! '뻔'한 글을 쓰지 말고 '펀(Fun)'한 글을 쓰기 위해서다. 우리 인간은 본능적으로 재미를 추구하며 자극을 좋아한다. 영화를 보다가 움찔하거나 손에 땀을 쥐고 보는 혹은 눈을 가리고 애써 외면하는, 아니면 차마 볼 수가 없어 채널을 기어코 돌리고 마는 그런 상황을 누구나 경험한 적이 있으리라. 바로 이 순간이 인간에게 커다란 자극을 주는 상황이다. 이런 상황을 우리는 속된 말로 '똥줄이 탄다'고 한다. 이런 글은 푹 빠져서 읽을 수밖에 없다.

그럼 자극은 어떻게 인간에게 다가올까? 바로 '재미'이다. 재미있는 글은 푹 빠져서 읽게 되고 거기서 '긴장감'이라는 것이 솟아나게 마련이다. 이 긴장감은 일종의 '텐션'으로 피가 거꾸로 솟는 기분을 느끼거나 전기에 감전된 듯한 그런 느낌을 의미한다.

이런 긴장과 재미, 텐션은 어떻게 발생할까? 예측성과 불예측성의 경계점 혹은 인간의 근원적인 부분을 건드릴 때 생겨난다. 이런 상황은 스토리텔링에서 그 효과가 배가 된다. 우리가 흔히 이야기하는 '교과서 읽지 마'라는 말에는 뻔한 이야기, 당위적인 이야기를 하지 말라는 의미를 포함하고 있다. 재미있는 이야기, 공감하는 이야기, 극적인 요소가 있는 이야기를 해야 한다는 말이다. 즉 '현상'을 말하는 것이 아니라 '행위'를 해야 한다는 것이고 '행위'는 '스토리텔링'을 통해서 완성되는 것이다.

작고한 강수연 주연의 영화로도 만들어진 소설 〈아제아제 바라아제〉의 작가 한승원은 '누구나 쓸 수 있는 글은 죽은 글이다'라고 말한다. 글을 쓴다는 것은 자기만의 세상을 외부에 내보이는 것이다. 실존하는 현실이 아닌 '내가 바라보는 현실'을 내 생각으로 오롯이 재배치하고 재구성하여 바라보는 극히 주관적인 세상이다. 즉, 보이는 것이 아니라 보는 것이다. 수동이 아니라 능동이다. 여기서 글쓰기가 시작된다. 내가 바라보는 현실은 나의 삶의 축적을 반영한다. 사람마다 책 열 권 분량의 스토리를 가졌다는 것은 저마다의 삶의 궤적이 다르고 세월의 축적으로 저마다의 이야기를 가슴에 품고 있기 때문이다.

자기소개서도 이와 다르지 않다. 이미 알려진, 그리고 인터넷에 전방위적으로 퍼져있는 그런 뻔한 스토리는 소위 안전빵, 밋밋함을 가지고 있어 무난하게 보일지는 모르겠으나 자기소개서로서는 빵점이다. 대단하고 독보적인 걸작을 쓰라는 말이 아니다. 살아 숨 쉬고 내 인생과 호흡하고 내 삶을 반추하는 그런 역동적인 자기소개서를 써야 한다는 말이다. 언제라도 종이에서 뛰쳐나올 듯한 기세를 가진 그런 자기소개서. 이렇게 쓰기 위해서는 다양한 요소를 고려해야 하지만 그 핵심과 중핵은 여전히 '이야기 형식'이다.

그럼 스토리텔링은 어떻게 구사해야 할까? 크게 두 가지다. 하나는 스토리가 있어야 하고 다른 하나는 그것이 들어 줄 만한 스토리여야 한다는 것이다. 아무리 스토리가 있다고 한들 그걸 맛깔스레 구현하지 못한다면 아무런 소용이 없다. 마치 눈 내리는 날 구들장의 온기를 느끼며 할머니가 들려주시던 옛날이야기처럼.

가령 다음과 같은 글은 죽은 글이다.

'저는 경남 진해에서 출생하여 훌륭하신 부모님 밑에서 겸손을 배우고 자랐습니다. 성장 과정에서 큰 사고를 일으키지 않고 선생님 말씀 잘 듣고 학창 시절을 무난하게 보냈습니다. 항상 근면 성실하라는 부모님 말씀을 가슴에 새기고 인생을 살면서 근면성실함을 한 번도 잊어본 적이 없습니다.'

읽어봐도 아무런 감흥이 없다. '개가 짖는구나'라고 생각할 수밖에 없다. 누구라도 쓸 수 있는 그런 뻔한 글. 따라서 이런 글은 빵점짜리다. 자기소개서도 이렇게 쓰다가는 쓰레기통 신세다. 그럼 잘 쓴 자기소개서는 어떻게 이야기가 진행될까? 한번 들어보자.

이런 식으로 쓰면 읽기도 편하고 없던 관심도 생긴다. 채용담당자가 혹시 학보사 출신이라면 바로 합격할 것이다. 동질감을 느꼈기 때문이리라.

'대학교 1학년 때 무심코 동아리 소개 광고를 보고 '학보사'에 지원했습니다. 학보사는 위계질서가 엄청난 곳이었습니다. 복학생 선배들에게 혼도 나고 얼차려도 많이 받았습니다. 소위 '대가리 박아'를 하면서 내가 선배가 되면 이러지 말아야지 했습니다. 하지만 저도 고참이 되면서 원망했던 선배들을 이해하기 시작했습니다. 그렇게 혹독하게 우리를 가르쳤던 이유를 말입니다. 이런 과정을 통해 글쓰기를 배우게 되었고 사람들과 만나서 대화하는 법, 지면서도 이기는 대화법을 배우게 되었습니다.'

스토리텔링을 위해서는 다음과 같은 플롯 설정이 필요하다.

에피소드 + 영향 + 변화

어떤 사건이 있고 그 사건이 나한테 어떻게 다가왔으며, 그로 인해 나는 어떻게 변화되었다는 설정이 필요하다. 이게 바로 스토리텔링이다. 이런 스토리텔링을 통해 평가위원의 마음을 움직이는 꽤 괜찮은 자기소개서가 탄생하는 것이다.

22

실패 극복담을 왜 자꾸 물어볼까?

- N자형 인간을 선호하는 이유

작가로서 책을 출간하다 보면 책 앞날개에 위치한 프로필 쓰는 것이 항상 고민거리다. 책을 여러 권 출간하다 보면 느끼는 점이 바로 이것이다.

프로필을 매번 바꾸어야 하나?

가령 이런 고민이다. 과학 관련 책을 쓰면 프로필에 과학과 관련한 전문가라는 인식을 심어주어야 하고, 책 쓰기 관련 책을 쓰면 내가 얼마나 책 쓰기에 정통한 사람이고 그러므로 이 책은 무조건 읽어야 한다는 식의 확신을 심어주어야 한다. 공공기관 취업과 관련한 책을 쓰면서 '공공기관 취업 컨설턴트'라는 직함을 달아야 하는 건가? 뭐 그런 생각들이다.

일전에 책 쓰기에서 저자 프로필 쓰는 법에 대한 글을 읽고 매우 흥미롭게 생각한 적이 있다. 핵심은 프로필을 N자형으로 쓰라는 것이었다. 그럼 N자형 프로필은 무엇을 의미할까? 알파벳 N자를 잘 보면 한번 위로 올라갔다가 밑으로 내려간다. 그리고 다시 위로 올라간다. 이걸 인생에 빗대어보자.

1. 처음에는 행복한 줄 알았다. 세상이 다 내 편인 것 같았다.
2. 그러나 시련이 닥쳐왔다. 그것도 한꺼번에 물밀듯이.
3. 하지만 나는 좌절하지 않았다.
4. 그리고 그것을 이겨냈다.
5. 그래서 나는 이 자리에 서 있다.

이게 바로 N자형 프로필이다. 실제 많은 소설도 이러한 플롯을 활용해 쓴다. 우리가 말하는 '3막 구조', '기승전결'이나 '발단-전개-위기-절정-결말'의 구조가 그러하다. 그럼 사람들은 왜 N자형 프로필을 좋아할까?

그건 스토리 자체가 극적이어서 흥미를 유발할 뿐만 아니라 독자의 공감까지 얻을 수 있기 때문이다. '나도 이렇게 이겨내야지' 하는 진취적 생각까지 하는 사람도 있겠지만 대부분 '아! 맞아. 나도 그랬어!' 하는 공감대다. 과거의 어두웠던 기억에 대한 향수이자 무의식의 기제가 발생하는 일종의 본능적인 천착이다.

지금은 구세대 노래가 된 015B의 노래 '텅 빈 거리에서'에서 '외로운 동전 2개뿐'을 이해하는 사람이라면 '맞아!'하고 무릎을 '탁' 칠 수 있는 그런 공감대와 같다(스마트폰이나 이동전화가 없던 시절 공중전화 앞에 줄을 서서 20원을 넣고 통화하던 그런 시절!).

자기소개서도 마찬가지다. N자형으로 써야 한다. 인생의 실패담과 극복하기 위한 노력, 그리고 실제 극복한 결과 이루어낸 깨달음과 성과들. 이런 것들이 자기소개서를 빛나게 한다. 이런 N자형 질문은 비단 자기소개서뿐만 아니라 면접에도 단골손님이다. 왜일까?

'깊은 인상을 준다.'

대부분 사람은 '다람쥐 쳇바퀴' 같은 인생을 산다. 반복적이고도 단조로운 삶을 그저 그렇게 살다가 가는 경우가 대부분이다. 이런 삶을 살면 쓸 이야기가 없으니 무슨 글을 써도 재미가 없다. 그래서 특이한 이력을 가진 사람은 그렇지 않은 사람에 비해 책을 출간하기가 매우 유리하다. 가령 사하라 사막을 걸어서 종주했다면 좋은 이야깃거리가 된다. 이들의 독특한 경험은 누구에게나 깊은 인상을 주기 때문이다. 공감을 불러일으키고 간접경험을 가능하게 한다. 오지 탐험가인 한비야 작가도 이런 스토리로 베스트셀러 작가가 되었다. 그렇기 때문에 인생을 좀 더 진취적이고 도전적이며 적극적으로 살 필요가 있다. 쓸

거리를 만드는 삶을 살아야 한다.

〈노인과 바다〉로 노벨문학상을 받은 어니스트 헤밍웨이는 어린 시절 교통사고로 인해 병원 침대에 오랜 기간 누워있어야 했다. 헤밍웨이는 자의 반 타의 반으로 병실에서 다양한 분야의 책을 읽기 시작했다. 그의 문학적 감수성은 병원 침대에 누워 책을 읽으면서 꽃 피기 시작했으리라. 교통사고라는 개인의 시련을 문학적 감수성을 성장하는 계기로 삼았던 것이다. 그리고 그는 위대한 작가가 되었다.

본래 아무런 시련과 고통도 없이 무난한 삶을 살 때 인간은 부패하고 타락하게 되어 있다. 어떻게든 망가지는 길로 접어들게 마련이다. 인생의 시련과 고난이 닥칠 때 그것을 어떻게든 해결하는 과정에서 본인도 성장하고 주변에도 긍정적인 영향을 끼치는 법이다. 따라서 위기에 봉착하면 좌절하거나 의기소침해지지 말고 이를 잘 활용하여 본인 성장의 계기로 삼아야 한다. 그러기 위해서는 자꾸만 뭘 해야 하고 부딪쳐야 한다. 우리 인간에게는 그런 상황에 대한 대응 기제가 있다. 일을 벌여놓으면 어떻게든 마무리하는 무엇인가가 작동하고 이때 평소에는 없었던 초인적인 힘이 나는 법이다. 소위 '자이가르닉 효과'다.

자소서에도 이런 N자형의 스토리가 있어야 빛이 난다. 인생을 살면서 경험한 삶의 질곡이나 시련과 고난을 머릿속으로 떠올려보자. 그리고 그것을 어떻게 헤쳐 나왔는지 생각해보자. 그러면 답이 보일 것이다. 면접에서도 가장 단골 질문 중 하나가 '살면서 힘들었던 경험과 그걸 극복한 사례'이다. 채용담당자들은 유독 N자형 스토리를 좋아한다. 명심하자!

TIPS 4 남과 다른 나를 만드는 법 - 적극성

계속해서 반복하는 이야기이지만 평범한 자기소개서는 가급적 쓰지 않는 것이 좋다. 누구나 쓸 수 있는 자소서는 그만큼 가치가 떨어지기 때문이다. 자소서는 자기를 소개하는 글이 아니다. '나는 이러이러한 장점이 있는 사람입니다'라는 사실을 어필하는 글이다. 그래서 차별성을 그토록 강조하는 것이다. 그럼 '타인과의 차별성'이란 과연 무엇을 말하는 것일까? 우선 '차별성'의 의미를 사전에서 찾아보자.

차이를 두어 구별하는 성질

차별성은 '차이'를 전제로 한다. 차이는 남과 다름을 의미한다. 무엇인가는 달라야 한다는 말이다. 이는 평범함을 거부함과 동시에 무엇인가 특이한 성질, 즉, 독특한 점이 있어야 한다는 말이기도 하다. 그럼 특이성은 사전적 의미로 무엇일까?

두드러지게 다른 성질

'차이를 두어 구별하는 성질'과 '두드러지게 다른 성질' 이 두 말을 보면 언뜻 비슷해 보이기도 하고 미묘한 뉘앙스의 차이도 느껴진다. 마치 자장면을 짜장면이라고 부르듯 같은 듯하면서도 다른 느낌이랄까?

내가 이 말장난 같은 짓을 계속하는 이유가 있다. 타인과의 다름이 그만큼 중요하기 때문이다. **중요한 사항은 상대방이 짜증이 날 정도로 반복하거나 강요해도 지나침이 없는 법이다.** 이렇게 강조해도 지켜지지 않는 경우가 다반사니까.

이런 말장난은 그만하고, 그럼 '차별성 있는 자기소개서는 어떻게 작성할까?' 가장 큰 핵심은 이것이다.

〈남과 다른 나를 만드는 법〉

1. 저는 이것이 다른 사람과 다릅니다.
2. 그래서 저는 다른 사람과 완전히 다른, 즉 차별화된 장점이 있습니다.
3. 이런 이유로 회사에서는 저를 뽑지 않으면 안 됩니다.

그렇다고 나를 뽑아 달라고 이야기를 직접적으로 해서는 안 된다. 그러면 거부감만 생긴다. 이 사람의 말이나 글을 보고 '그래 이 사람은 반드시 뽑아야겠어'라는 생각을 가지게 해야 한다. **본래 '예쁘다'**

를 표현하기 위해서는 '예쁘다'라는 단어를 쓰면 안 된다. 성실함을 표현하기 위해 '나는 성실하다'는 말을 해서는 안 된다. 이것은 구체적이지도 못할뿐더러 일종의 강요다. 사람들은 내가 어떻다고 해서 곧이듣지 않는다. 거부감만 생길 뿐이다.

이런 당위성을 자기소개서에 나타날 수 있게 자기소개서를 최대한 신경 써서 쓰도록 하자. 인생이 너무 평범한가? 고작 20년에서 30년 살아서 무슨 한 맺힌 삶의 곡절이 있겠습니까? 이런 자세면 30년 더 살아도 삶의 곡절이 없기는 매한가지다. 평범함을 비상함으로 만드는 것은 본인의 능력이지 절대로 본인의 과거의 경험이 아니다. **이런 이유로 자기소개서는 '쓰는 것'이 아니라 '만드는 것'이다.** 단순히 쓰는 작업은 소위 '개나 소나' 할 수 있다. '만드는 것'은 쓰는 수준을 넘어서 작품을 탄생케 하는 것이다. 소위 자기소개서 '작가'가 되어보자. 그리고 자기소개서를 멋들어지게 써보자.

저는 다른 사람과 다른 장점이 있습니다.

차별성을 강조할 때 '장점'이 차별성이 되어야 한다는 것은 너무 당연한 소리일까? 전형위원이 관심도 없는 '가십'이나 '마치 단점이라고 할 수 있는 부분!'까지 차별성의 범주 안에 끌어드리는 것은 그야말로 기름을 등에 지고 불로 뛰어드는 꼴이다.

마치 쌍무지개를 처음 본 아이가 엄마에게 뛰어가서 외치는 방식은 두 가지다.

> **첫 번째 아이)** 엄마! 저 쌍무지개를 보았어요!
> **두 번째 아이)** 엄마! 오늘 하루가 특별할 거 같아요. 저 하늘을 보세요!

첫 번째 아이는 작가로서의 소질이 전혀 없다. 아니라면 마마보이다. 두 번째 아이는 벌써 작가의 소질이 다분히 있다. 자기소개서라는 소설을 쓰는 작가가 되기 위해 자기소개서를 만들어보자. 쓰지 말고! 소설을 쓴다는 생각으로 만들어보자! 그것도 철저히 차별성 있게!

23

왜 솔직하게 말해야 할까?
- 솔직함이 때로는 무기다

우리 인간은 자신이 가진 것보다 조금 더 과장해서 포장하는 경향이 있다. 내 본래의 모습보다 더 좋게 보이려고 치장한다. 타인에게 비치는 내 모습과 내 본연의 모습은 언제나 다를 수밖에 없다. 그래서 이왕이면 더 좋게 더 긍정적으로 비치기 위해 노력한다. 일종의 본능인 셈이다. 하지만 지나침은 언제나 모자람만 못한 법이다. 너무 과장하다가는 오히려 역풍을 맞을 수도 있다. 그래서 항상 선을 넘지 말아야 한다.

인생을 살다 보면 진실인 줄 알면서도 이야기하지 못할 때가 있다. 본인을 보호하기 위해서이기도 하지만 타인을 배려하거나 조직을 위한다는 보다 거창한 목적을 띤 경우도 있다. 그런 식으로 거짓말을 자의 반 타의 반으로 하게 되는데 자기소개서를 작성할 때도 유의해야 할 사항이다. 결론적으로 과유불급이다. 어느 정도는 과장은 필요하지만, 너무 지나쳐서는 안 된다는 것이다.

영화 〈범죄도시〉를 보면 '진실의 방으로!'라는 말이 자주 등장한다. 진실의 방은 취조 과정에서 진실을 말할 것을 물리적 외부 충격(?)을 가해 압박하는 장소이다. 머리를 타격하기에 오토바이 헬멧을 씌워준다. 우리가 주목할 것은 '진실'을 이야기하는 것이 '진실의 방'행이 될 수 있다는 사실이다. 그래서 가장 좋은 방법은 꼭 필요한 말 외에는 '말을 하지 않는 것!'이다.

옛 사자성어 중 이와 관련한 말이 있다.

> **구화지문 口禍之門 설참신도 舌斬身刀**
> 입은 화가 들어오는 문이요, 혓바닥은 몸을 자르는 칼이다.

이 말이 사실이라면 입을 닫고 사는 게 살길이다. 하지만 취업시장이 어디 그런가? 자기소개서는 글로 말해야 하고 면접은 말로써 승부해야 한다. 글을 읽으면 말이 되므로 글을 말하기 범주에 넣는다면 결국 자기소개서도 면접도 결국은 말하기다. 말을 하지 않고 입사할 수 있다면 좋으련만 그건 불가능하다.

취업시장에서 '말'은 꼭 필요하다. 이렇게 설명하는 것보다는 더 구체적으로 말해 볼까?

취업에서 말은 전쟁터에서 총과 같다!

말을 잘해야 합격하고 말을 못 하면 탈락한다. 이게 취업시장의 현실이다. 그렇다면 말을 어떻게 해야 할까? 말을 잘한다는 것은 어떤 의미일까? 첫째는 속이지 않는다. 둘째는 당황하지 않는다. 셋째는 납득이 되는 답변을 한다. 이 중 가장 최선은 솔직함이다. 애써 감추고 싶은 본인의 치부를 드러내거나 일부러 본인을 깎아내릴 필요야 당연히 없겠지만, 그리고 다소의 과장도 필요하겠지만, 중요한 건 진실이다. 진실을 감추지 않는 지혜이다. 솔직함은 공감을 불러일으키는 가장 강력한 무기다.

일본의 평론가인 마사무네 하쿠초(正宗白鳥)는 인간에게는 감추고 싶은, 드러내기가 죽기보다 싫은 비밀을 한두 개씩은 가지고 사는 법이라고 했다. 나는 이 말을 상당히 좋아한다. 직장을 옮길 때도 감추고 싶은, 면접관이 물어보지 않으면 좋겠다는 나만의 비밀이 있기 때문이다.

내가 이직 시 가장 고민했던 사항이 '시간의 공백'이다. 경력직 직원의 이직 시 가장 많이 물어보는 것이 '이직 사유'와 '공백 기간'이다. 특히 공백 기간은 면접관의 집요한 추궁거리가 된다. 나의 잦은 이직 사유와 중간에 텅 비어버린 기간에 대해 아나나 다를까 면접관들은 집요하게 캐묻는다. '제발 이 질문은 하지 말고 넘어가 주세요'라고 마음속으로 간절히 바라지만 세상 사는 것이 어디 내 맘대로 된 적이 있던가? 눈을 질끈 감고 준비한 '소설(엄밀하게 구라)'를 마치 사실처럼 풀었다. 하지만 그분은 내 머리 꼭대기에 있었다. 그분 표정을 보니 '이 사람이 누구 앞에서 구라를 쳐?' 하는 눈빛이었다. 구라를 칠 때는 상대방의 눈을 보면 안 된다. 거기서 내 눈빛의 흔들림, 동공의 확장을 상대방은 보고 있기 때문이다.

그때 내 답변은 이랬다.

첫째 회사는 회사가 망해서 이직을 했고, 공공기관으로 이직했다가 스타일상 맞지 않아서 사기업으로 이직했습니다.
지방에 있어서 가족들과 떨어져 지내기가 힘들어 다시 수도권으로 옮겼습니다. 그리고 회사가 고용이 불안해 다시 이곳에 지원하게 되었습니다.
공백 기간은 집안에서 벌린 사업이 폐업을 하게 되어 청산절차를 밟는 동안 공백기입니다.

지금 내가 생각해도 낯 뜨거운 거짓말이었다. 당연히 그 회사는 탈락했다. 우리나라는 아무래도 이직에 대해서 우호적이지도 않고 공백기가 많은 사람에게 절대로 후한 점수를 주지 않는다. 차라리 솔직하게 이야기했더라면 얼마나 좋을까 하는 생각이 들었다. 이렇게 대답했을 것이다.

첫 번째 회사는 회사 사정이 안 좋아져서 자발적으로 나왔고 공공기관은 집 앞에 있어서 그냥 원서를 넣어봤는데 운 좋게 합격했습니다. 페이가 너무 적어 지방의 사기업으로 이직했고, 업무가 너무 힘들어 다시 공공기관으로 이직하고자 합니다. [편한 데서 근무하고 싶어요!]

공백 기간은 사실 6개월 이하로 옮긴 회사를 적기도 뭣하고 해서 뺐습니다. [적당히 알아들으셔요~!]

　　때로는 과장도 필요한 법이다. 지나친 솔직함은 어설픈 과장만도 못하다는 것이 내 지론이다. 물론 무슨 일이든 지나침은 모자람만 못하다. 자기소개서 작성뿐만 아니라 채용시장에서 행동 요령도 마찬가지다. 일정 수준의 포장과 양념은 제품을 빛나게 한다. 왜 화장품 회사들이 그 비싼 돈을 들여 내용물보다 포장과 화장품 용기 디자인에 올인하는지 잘 생각할 필요가 있다. 메라비언의 법칙, 신언서판, 동가홍상이라는 말이 괜히 전해져오는 것이 아니다. 그만큼 실체보다 포장이 중요하다는 말이다. 하지만 지나치게 과장하지 말자. 대번에 알아챈다. 그들은 우리보다 사회생활을 한참 오래 한 선배들이다. 무언가 이상한 점이 발견되면 즉시 알아챈다. 드러내되 감추고, 감추는 듯 드러내는 것이 전략이다. 이걸 잘해야 한다.

24

왜 다들 어렵게 쓸까?

- 읽기 편한 글을 써야 하는 이유

이 책에서 자기소개서 작성법에 대해 이렇게 자세하게 밝히는 이유가 있다. 이는 비단 자기소개서뿐만 아니라 면접이나 다른 전형 절차, 혹은 직장생활이나 사회생활에서 공통으로 요구되는 사항들이 많기 때문이다. 또한, 이런 기본적인 사항조차 모르는 분들이 의외로 많다.

나는 앞에서 이야기한 대로 글쓰기 책을 4권이나 출간했다. 글쓰기의 진입장벽을 어떻게든 낮추기 위해 그동안 정말 많은 이야기를 했다. 블로그에 글쓰기와 관련해 올린 글만 2,000개가 넘는다. 그중 핵심 사항은 몇 가지로 요약할 수 있는데 그중 하나가 '읽기 편하게 쓰기'다. 하루에 한 권 이상의 책을 읽는 나도 이제는 활자에 익숙해질 만도 한데 어떤 책은 여전히 읽기가 힘들다. 다른 사람들이 추천하는 책, 정말 훌륭한 작품이라고 해서 큰 기대를 하고 읽어봐도 막상 눈에 들어오지 않아 중도에 읽기를 포기하는 경우도 꽤 있다. 처음에는 내가 아직 읽을 준비가 되지 않아서 그런가 생각을 한 적도 있지만 그게 아니었다. 그냥 나랑 맞지 않는 거다. 물론 나랑 맞지 않는다고 해서 다른 사람에게도 맞지 않다는 것은 아니지만 여하튼 그런 책이 있다.

나는 이런 내가 겪은 장벽을 내가 쓴 책을 읽는 독자가 겪지 않도록 하기 위해서 '최대한 쉽게' 쓰려고 노력한다. 실제로 내 글은 무척 쉽다. 내 책을 읽고 올린 서평에는 '읽기 쉽다' 혹은 '가독성이 좋다'는 언급이 많다. 나도 이런 글을 읽으면 기분이 상당히 좋다. 내 딴에는 쉽게 썼음에도 읽는 사람은 그렇지 않을 수도 있기 때문이다.

예상 독자가 정해진 책은 그것에 맞게 쓰면 되지만, 독자를 특정하기 어려울 때는 최대한 쉽게 쓰는 것이 정답이다. 오죽하면 중학생이 이해할 수 있게 쓰라고 했을까? 자소서도 매한가지다. 전형위원의 지적 수준이 절대로 낮지 않지만 그럼에도 불구하고 쉽게 써야 한다. 쉽게 쓴 글이 술술 읽히기 때문이기도 하고 어렵게 쓸 경우 실수를 할 확률이 높아지기 때문이다.

우리 옛말 중에 역지사지란 말이 있다. 이 말의 의미는 상대방의 입장에서 생각하라는 것이다. 이게 말처럼 쉽지 않다. 항상 상대방의 입장에서 생각한다고 하면서도 막상 이해관계가 얽혀 버리면 자기 입장에서 생각한다. 이게 인간의 본성이다. 역지사지를 실천하지 못한다고 해서 너무 자책할 필요도 없다. 인간의 일반적인 성향이 그러니까.

자기소개서도 예외일 수 없다. 자기소개서를 쓸 때 항상 읽는 사람의 입장에서 작성해야 한다. 읽는 사람이 이 글을 어떻게 받아들일지에 대해 고민해야 한다. 그냥 자기 이야기만 했다가는 그저 혼자서 주절거리는 일기 내지 독백이 되고 만다. 이런 자기소개서는 후한 점수를 받지 못한다.

그럼 글쓰기에서 상대방을 어떻게 고려해야 할까? 방법은 간단하다. 술술 읽히게 쓰면 된다. 첫 문장을 읽을 때 쑤욱 빠져들어 순식간에 자기소개서를 다 읽어버리게 만드는 그런 힘이 있어야 한다. 이것도 말처럼 쉽지 않다. 하지만 그렇게 만들도록 최대한 노력해야 한다. 어떻게든 최선을 다해 집중해서 노력하면 그 노력의 흔적이 글 곳곳에 자기도 모르게 슬며시 묻어나기 마련이다. 이런 글을 읽을 때 읽는 사람은 마음을 움직일 수 밖에 없다.

술술 읽히게 쓰려면 스토리텔링 식으로 논리적 일관성이 있게 이야기를 전개해 나가야 한다. 스토리텔링에 대해서는 이미 이야기했으므로 다시 언급하지는 않겠다. 다만 논리적 일관성은 대단히 중요하다.

논리적 일관성이란 글을 읽을 때 멈칫거림이 없는 상황이다. 보통 우리가 쓰는 글은 서론-본론-결론이라든가 기승전결의 체계로 이루어져 있다. 연역식으로 쓸 수도 있고 귀납식으로 쓰기도 한다. 주장을 하고 그 근거를 하나, 둘, 셋 하면서 대기도 하고, 어떤 주장을 한 후

일화를 들기도 하고, 사안의 장단점에 대해 논하고 우리가 취해야 할 바를 제시하기도 한다. 이런 논리적 흐름을 자연스럽게 구사해야 한다는 말이다. 읽는 사람이 자꾸 멈칫거리면 이미 뇌에서 '이거 머리에 들어오지 않는데' 하면서 글 읽기를 멈추게 된다. 이런 상황이 자주 발생하면 읽기 어려운 글이 된다. 이런 이유로 논리적 일관성을 지키는 것은 대단히 중요하다. 무슨 이야기를 하다가 갑자기 삼천포로 빠진다든가 앞에서 한 이야기를 반대로 주장한다든가 하면 그 글은 그야말로 실패한 글이다.

자기소개서를 1000자 내외라든가 1800자 내외의 장문으로 작성하라고 하는 경우가 있는데, 이 경우 논리적 일관성은 대단히 중요하다. 이런 요구는 하나의 작품을 만들 토양이 만들어진 상황이다. 이런 장문의 자기소개서를 요구할 경우 기회라고 생각하고 멋들어진 작품을 만들도록 최선의 노력을 기울여야 한다. 스토리텔링도 넣고, N자형 인재상도 넣고, 간결하고 쉽고, 재미있게 만들 수 있다.

하지만 자기소개서를 성장환경, 학창 시절, 성격의 장단점 등 항목별로 나누어 쓰라고 할 경우는 이야기가 좀 달라진다. 이때는 각 항목별로 별도의 개별화된 이야기를 만들어야 한다. 여기서 핵심은 임펙트 있는 무엇인가를 2, 3개 정도는 보여주어야 한다는 사실이다. 가령 항목이 7개라고 하면 모든 꼭지를 이런 극적인 스토리로 작성하기는 무리가 있다. 따라서 임펙트 있는 내용을 2, 3개 정도는 작성하도록 의식적으로 노력해야 한다. 그리고 가급적 초반에 그것들을 보여주는 것이 좋다. 채용담당자가 끝까지 다 읽지 않을 수도 있기 때문이다.

결론적으로 술술 읽히는 자기소개서는 쉽고 간결하고 내용에 극적인 요소가 들어간 그런 자기소개서다.

25

자화자찬, 민폐의 끝판왕!
- 자기 자랑도 적당히 해야 하는 이유

여러분은 '사스마와리'란 용어를 아시는가? 민간인을 기자로 만들 때 혹독한 훈련과정을 거치는데 이를 표현하는 전문용어이다. 일본어의 잔재로 우리가 쓰기에 적합한 단어는 아니지만, 실무업계에서 널리 쓰이고 있다. 혹독한 트레이닝을 통해 기자로서의 소양을 단시간에 쌓게 한다. 가령 부끄러움을 없앤다. 누구에게든 쳐들어가서 민망한 어떤 질문이라도 할 수 있게 만든다. 낯을 가리는 사람이나 숫기가 없는 사람을 철면피로 바꾸는 것이다. 내가 처음 YTN에 기자로 입사했을 때 처음 특명이 국회 특정 당의 사무실에 가서 당시 이슈가 되던 사안을 인터뷰해 오라는 것이었다. 무작정 쳐들어가서. 그게 바로 '사스마와리'다. 마치 훈련소가 민간인을 군인으로 바꾸는 과정과

흡사하다.

그럼 사스마와리는 왜 하는 것일까? 이유는 의외로 간단하다. 사스마와리를 통해 '부끄러움'을 없애고 '사람 대하는 법'을 익힌다. 가령 국회의원실을 찾아가 의원님 입장이 어떤지 알아서 와! 한다면 무조건 찾아가서 보좌관 멱살이라도 잡고 답변을 얻어내는 용기! 그 뻔뻔함과 당돌함! 이것이 사스마와리가 노리는 목적이자 결과물이다. 사스마와리를 통해 기자의 자질을 갖추게 된다.

취업준비생도 이런 과정이 필요하다. 취업준비생도 사스마와리를 통해 회사에 최적화된 사람으로 바꿀 필요가 있다. 평생을 수동적으로 산 사람이 취업 시즌이 되자 '적극적이고 진취적인 인물'로 하루아침에 바뀌겠는가? 절대 아니다. 이런 이유로 취업준비생도 소위 사스마와리가 필요하다.

단 유의할 것이 있다. 진취적이고 용기가 있다는 것이 너무 지나치면 오히려 아니함만 못한 결과를 가져올 수 있다는 사실이다. 언제나 지나침은 모자람 만 못한 법이다. '과유불급'을 잊지 말아야 한다.

우리 인간은 천성적으로 나보다 뛰어난 사람을 싫어한다. 특히 뛰어나지도 않음에도 뛰어난 척하는 사람은 아주 밥맛이다. 잘난 체하는 사람을 좋아하는 사람은 없다. 이런 사람은 적이 많다. 오죽하면 사촌이 땅을 사면 배가 아프다는 옛말도 있지 않은가?

자기소개서 작성도 이와 별반 다르지 않다. 어떻게든 튀어 보려고 자소서의 시작부터 끝까지 자기 자랑만 늘어놓는다면 어느 평가위원이 좋아하겠는가?

이 자식은 도대체 자기 자랑 글만 적어놨군!

본인을 어필하는 것과 잘난 체하는 것은 완전히 다르다. 똑같은 내용을 적더라도 겸손하지만 완고하고 뚜렷하게 본인을 드러낸 글이 있고 잘난 체하려고 의식적으로 적은 글이 있다. 문체나 어휘 사용, 행간의 의미를 파악해보면 여실히 드러난다. 따라서 항상 겸손한 모습을 보이면서 동시에 '자기를 어필하는!' 자기소개서를 작성하도록 준비해야 한다.

최고의 인재임을 드러내기 위해서 '최고'라는 단어를 쓰면 그건 하수다. 그런 말을 쓰지 않고도 충분히 내가 최고라는 사실을 깨닫게 하게끔 만들어야 한다. 이걸 잘해야 고수다.

굳이 단점을 말하라고 한다면

장점은 드러내고 단점은 숨기려는 것이 인간의 본성이다. 누구나 자신의 단점을 드러내는 것을 좋아하지 않는다. 그런데 매도 먼저 맞는 것이 낫다고 굳이 드러내지 않아도 될 본인의 단점을 먼저 이야기해서 분위기를 사납게 몰아가는 지원자가 있다. 물론 인간이라면 누구나 장점을 가지고 있는 반면에 단점도 가지고 있다. 장점이 도드라진 인간이라고 단점이 없겠는가? 마치 자석을 잘라도 N극과 S극이 또 생기듯 말이다.

그렇다면 단점을 장점으로 바꾼다거나 고친다거나 하면 그 사람이 완벽한 인간이 될까? 절대 아니다. 그러고 나면 또 다른 단점이 나오기 마련이다. 그게 인생이다. 따라서 단점을 없애거나 감추려 하지 말고 단점을 적절히 활용할 필요가 있다. 즉 단점을 단점이 아니게 만들면 된다.

> 나는 이런 단점이 있지만 이런 식으로 극복해가고 있으며 단점을 장점으로 바꿀 수 있도록 이런 방식으로 노력 중입니다.

이렇게 이야기하면 단점에 대한 문제를 현명하게 해결할 수 있다. 자기소개서 작성 시 '성격의 장단점'에 대해 적으라고 할 경우가 많다. 혹은 인생에서 큰 실패나 좌절을 맛보았으나 이를 슬기롭게 대처해서 극복한 사례를 말하라고 할 때도 많다.

단점을 적으라고 하지도 않았는데 먼저 나서서 단점을 드러낼 필요는 없다. 단점을 적으라고 할 때만 적으면 된다. 굳이 먼저 치고 나갈 필요는 전혀 없다. 단, 단점만 적시하지 말고 단점을 어떻게 극복해 나갔는지 혹은 나갈 것인지에 대해 부연 설명이 필요하다. 이러한 설명은 거창할 필요도 없다. 겸손하게 단점을 인정하고 고치려고 노력한다는 뉘앙스만 풍겨주면 그걸로 충분하다.

저는 성격이 급한 단점이 있습니다. 이러한 저의 단점은 좀 더 신중하고 예의 바른 자세를 통해 수정해 나갈 계획입니다. 일 처리를 신속하고 정확하게 처리할 수 있도록 저의 단점을 장점으로 바꾸어 나갈 수 있도록 노력하겠습니다.

이 정도 대답이면 100점짜리 아닐까? 다음의 경우도 보자.

저는 다소 우유부단한 성격입니다. 그래서 결정 장애가 있습니다. 하지만 저의 이런 결정 장애는 반대는 신중함으로 이야기할 수 있습니다. 단점이 아닌 장점이 될 수 있죠.

이 문장은 어떻게 보는가? 0점짜리는 아니지만 왠지 다소 부족해 보이지 않는가? 이때는 이렇게 수정하면 좋다.

저는 다소 결정을 내는 것에 조금 느린 성격을 가지고 있습니다. 다시 말해 결정을 내리는 데 조금 신중한 편입니다. 앞으로 신중함에 속도 감까지 더해 빠르고 정확하게 일을 처리하는 능력을 보여드리도록 노력하겠습니다.

26

오탈자 및 신세대 표현에 유의하라!
- 평가위원은 보수적인 분들이 많다

자기소개서를 읽으면서 가장 거슬리는 것이 띄어쓰기다. 띄어쓰기를 상당히 자제하는 분들도 있고, 너무 심하게 하는 분들도 있다. 과거 특허사무소 출신 직원과 같이 일한 적이 있었다. 그분은 띄어쓰기를 너무 해서 그분이 쓴 글을 읽으면 읽기가 매우 힘들었다. 이유를 알고 보니 특허법인은 페이지 수로 돈을 받기 때문에 의식적으로 페이지 수를 늘리다 보니 띄어쓰기를 과하게 하는 직업병이 생겼다는 것이다. 난 이 말이 상당히 충격으로 다가왔다. 매출을 위해 저분의 글쓰기 양식이 바뀌었구나, 하고 말이다. 그래서 띄어쓰기가 잘못되거나 과한 글을 보면 항상 그분 생각이 난다.

띄어쓰기 다음에 거슬리는 것이 오탈자다. 오탈자는 사실 본인은 찾아내기 힘들다. 여러 번 읽다 보면 글 자체가 마치 그림처럼 보이기 때문이다. 게다가 본인은 자신이 쓴 글을 긍정하는 습성을 가지고 있다. 누구나 다 그렇다. 소위 자기 글이 완벽하다는 착각을 자신도 모르게 하게 된다. 이래서 편집자가 필요하고 교열자가 필요한 거다. 오타는 본인이 볼 수가 없다. 아무리 읽어도 보이지 않는다. 그래서 누군가가 대신해서 찾아줘야 한다. 반드시 쓴 원고를 지인에게 검토받도록 하자. 이 작업을 대신해 줄 사람이 없다면, 인터넷 맞춤법 검색기에 돌려보도록 하자. 이렇게 몇 번 하다 보면 자신이 어느 문장에서 자꾸 틀리는지 잘 알 수 있다.

오타나 띄어쓰기는 퇴고 시 깊은 관심을 가지고 지켜보아야 한다. 처음 글을 쓸 때는 다른 것은 생각하지 말고 그저 완성에 집중해야 한다. 글은 한 번에 완벽하게 쓰기보다 일단 완성해 놓고 그다음에 여러 차례 수정하는 것이 훨씬 효율적이다. 왜냐하면 보이는 것을 수정하는 것이 보이지 않는 것을 억지로 만들어내는 것보다 훨씬 더 수월하기 때문이다. 해보면 안다.

보통 수정을 할 때는 1) 조금 시간의 텀을 두고 '쓰는 시각'에서 '검토하는 시각'으로 바뀐 다음 하거나, 2) 컴퓨터 화면으로 수정하기보다 출력하여 인쇄물을 보고 수정하거나, 3) 입으로 소리 내어 읽어보면서 수정하면 훨씬 더 효율적이다. 다양한 시도를 해 보고 본인에게 맞는 방식을 활용하면 된다. 나도 말은 이렇게 하지만 '도저히 어쩔 수 없는 영역'이 오탈자이다. 아무리 찾아도 또 나오고 또 나온다. 맞춤법 검색기를 돌려도 소용없다. 그렇게 여러 번 검토해서 책으로 출간해도 또 나온다.

오탈자를 이렇게 강조하는 이유가 있다. 글을 읽다가 오탈자를 발견하면 '글 자체에 대한 신빙성'이 확 떨어진다. 그리고 오탈자는 '신뢰'와 '정성'의 문제다. 하물며 책도 그런데 자기소개서가 책 한 권 분량도 아닌데 여기서 오타가 발생한다면 그야말로 심각한 문제가 아닐 수 없다. 따라서 오탈자는 '맞춤법 검색기'에 돌려 볼 것을 권한다. 검색엔진(포털)에서 맞춤법 검사라고 치면 몇 개의 맞춤법 검사기가 나온다. 최소 1, 2군데 돌려봐서 '맞춤법'이 문제가 없는가를 꼼꼼히 확인해야 한다. 최소 이 정도는 해야 자기소개서에 대한 예의가 아닐까?

특히 강조하고 싶은 것은 '신세대 용어'를 절대 쓰지 말아야 한다는 것이다. 아직 평가위원은 나이가 여러분보다 나이가 대부분 많을 것이다. 이런 분들은 신세대 용어를 당연히 모른다. 공적인 문서라고 할 수 있는 '자기소개서'에 신세대 문체가 들어가는 것을 그다지 좋아하지 않는다. 나도 그렇다! 따라서 굳이 쓰지 않아도 될 글자나 문장을 써서 분란을 일으키지 말자.

> 인싸가 되기 위해 노력하겠습니다. 고등학교 때까지는 아싸였지만 대학시절부터 성격을 개조하여 인싸를 줄곧 유지해 왔습니다.

TIPS 5 최악의 상황을 피하는 법

'모난 돌이 정 맞는다'란 말이 있다. 남과 다른 차별점으로 무장해야 함은 앞서서 말한 바와 같지만, 그건 어디까지나 장점이나 차별화된 긍정적인 면을 이야기할 때이고, 아무것도 아닌 것 같은 아주 소소한 것으로 당락이 뒤바뀌는 경우가 허다하다.

일전에 지원자의 이력을 검토하다가 깜짝 놀란 적이 있다. 휴대 전화번호 뒷자리가 '4444'였기 때문이다. 본인이야 이런 번호를 외우기도 쉽고 특이하여 골드번호라고 생각할 수도 있을 것이다. 하지만 우리나라에서 '4'는 누가 뭐라고 하던 죽음의 숫자이다. 따라서 꼭 필요한 경우가 아니라면 사용하지 않는 것이 좋다. 불필요한 오해를 살 수 있기 때문이다. 하물며 채용 전형에서야 이루 말해 무엇하랴? 이런 번호를 쓰는 것은 마치 이력서를 수기로 작성할 때 빨간색 펜으로 쓰는 것과 다르지 않다. 요행히 번호를 보지 못하거나, '그런 거 따위 상관 안 해'의 열린 마음을 가진 전형위원이라면 별문제될 것이 없겠으나, 인생의 향방을 결정할지도 모르는 채용 전형에서 도박을 걸 필요는 분명히 없으리라.

채용 전형에서는 '오해 살 만한 행동은 지원하기 전부터 지우는 것'이 좋다. 지우기가 힘들다면 바꾸기라도 해야 한다. 괜히 사소한 것에 발목 잡혀서 좋을 리가 없다.

지금이야 블라인드 채용으로 인해 대부분의 전형에서 학력, 출신 지역 등은 고려 대상이 아니지만 그래도 사진은 여전히 요구하는 곳이 많다. 외모를 보려는 것이 아니기 때문이다. 대부분의 공공기관에서 입사지원서나 이력서에 사진을 하나같이 요구하고 있다.

이력서 사진을 유심히 보다 보면 사진 속 인물과 내가 직접 보고 있는 사람이 과연 같은 인물이 맞는가 생각할 때가 많다. 예전에는 여성 지원자에게서만 그걸 느꼈는데 최근에는 남성 지원자들도 마찬가지다. 대학교 1학년 사진이나 고등학교 교복 사진을 올려놓고 그것을 현재까지 우려먹는 거다.

입사 사진에 시험접수용 압날(날인)이 되어 있기도 하고 하얀 건물 벽면 페인트를 배경으로 스마트 폰으로 찍은 사진도 있다. 포토샵 수정을 하도 해 마치 천사처럼 찍힌 사진도 있으며, 건전한 일반인의 상식으로는 도저히 이해할 수 없는 형이상학적 사진작가의 작품도 있다. 소위 뽀샵도 적당히 해야지 무슨 비율을 조정해 뚱뚱한 사람을 홀쭉이로 만드는 것까지는 이해하겠다. 그러나 동일성을 훼손할 정도까지 가서는 안 된다. 이런 분들이 너무 많다.

옷도 그렇다. 정장에 넥타이를 매든가 국적도 모를 이상한 티셔츠를 입고 찍은 사진으로 입사 지원하는 것을 보면 무슨 생각으로 이렇게 지원했지? 하는 의구심이 든다. 물론 '정장도 우리의 옷이 아닙니다. 한복이 우리 옷입니다'라고 되묻는다면 할 말은 없다. 하지만 그런 사람들도 정작 면접 때는 정장을 입고 온다. 본인 자신도 사회적 시스템에 굴복한다. 그러면 이력서 사진도 최소한 그렇게 해야 하지 않을까? 사선에서 찍은 사진, 시선을 딴 곳에 둔 사진, 선글라스와 같은 짙은 안경을 쓰고 찍은 사진, 뒷배경이 독특한 사진은 모두 빵점짜리다. 이런 사진은 쓰면 안 된다. 사진관에 가서 사진 찍는 것이 그리 아까운가? 집에서 가장 좋은 정장을 입고(남자라면 넥타이도 매고) 사진관에서 가서 면접용으로 제대로 찍자. 사진부터 신뢰를 못 주면 시작부터 어긋난다. 이래서는 합격할 수 없다.

27

어디까지를 경력이라고 해야 할까?

- 어둠의 흑역사를 제거하는 법

나는 지금 다니고 있는 공공기관에서 10년을 근무했지만 내 또래보다 근속 호봉이 높지 않다. 이 공공기관으로 옮기기 전 '입사원서'를 작성할 당시 몇몇 근무한 회사를 일부러 제외하고 지원했기 때문이다. 잦은 이직이 발목을 잡을 수 있다는 불안감에 짧게 근무한 회사는 제외할 수밖에 없었다. 그렇게 해서 까먹은 경력이 잃어버린 3년이다. 증빙이야 경력증명서로 어떻게든 가능했겠지만 다른 이유로 위 경력은 지울 수밖에 없었다. 이렇듯 완전 신입이 아니라면 경력증명서를 어디까지 반영해야 할지 누구나 비슷한 고민을 한 적이 있을 것이다.

경력은 증빙이 가능한 것만 적도록 하자. 입사에 성공하면 그 사람의 경력에 상응하는 직급을 부여하기 위해 소위 경력 산정이라는 것을 한다. 경력사원은 경력을 인정해줘야 하므로 이에 대한 구체적인 증빙을 제출할 것을 요구한다. 그렇게 증빙이 확인되면 경력으로 인정해준다. 이것은 공무원도 마찬가지다. 내가 다니는 공공기관에도 가끔 정부 각 부처, 지자체로부터 공문이 온다. 주 내용은 경력 확인용이다. 공무원 신규 임용자 경력 확인을 해달라는 것인데, 연구소에서 근무한 경력대로 경력을 환산하여 인정해주는 듯하다. 이렇듯 공무원으로 전환되면 경력 확인 절차를 거친다. 공공기관은 대부분 서류제출로 갈음하였으나 최근 경향을 보면 경력증명서를 제출할 경우 해당 회사에 연락해 고용 형태라든가 근무 기간을 확인하는 경우가 많으니 조심해야 한다. 허위로 작성했다가는 입사를 취소당할 수도 있다. 경력이 채용 과정에서 대단히 중요한 역할을 했을 수도 있기 때문이다.

일단 경력이 조금이라도 있고, 이를 활용하려고 한다면 입사지원서를 제출하기 전 사전에 '경력증명서'를 발급받아 보관하는 것이 좋다. 채용 응시할 때마다 새로 발급받을 수도 없기에 미리 발급받아 놓아야 한다.

경력은 증빙이 가능하지 않으면 자칫 경력을 인정받지 못하는 수준에서 그치는 것이 아니라 회사에 거짓말을 한 게 된다. 이럴 경우 채용 자체에 대한 신빙성까지 의심받을 수 있고 심지어는 채용 취소사유가 될 수도 있다. 경력 산정은 보통 최종합격자 입사일 전에 하기는 하지만 일단 최종합격자를 정해 놓고 하는 경우가 대부분이기 때문이다. 따라서 경력 기간을 기재할 때 아래 두 가지를 잘 고려해 작성해야 한다.

> **첫째,** 경력을 증빙할 수 있는 서류가 가능한 경력만 적어야 한다.
> **둘째,** 경력을 속이면 안 된다. 입사 취소나 설사 입사를 해도 아주 불리한 상황에 부닥칠 수 있다.

공공기관은 경력직을 그다지 선호하지는 않지만 신입과 경력의 구분이 모호해지고 있고 이런 이유로 구분 없이 뽑는 경우가 많다. 경력자라고 해도 너무 나이가 많으면 뽑지 않는다. 기존 직원들과 질서 문제가 있어서이다. 간혹 팀장급이나 부장급, 본부장급으로 경력을 채용하는 경우도 있는데 신생기관이나 조직 확장을 하는 특별한 경우가 아니라면 거의 내정자가 있다고 보아야 한다. 이런 곳에 입사 지원할 경우 들러리를 선다고 생각하면 된다. 그러나 혹시 소 뒷걸음치다가 쥐 잡는다고 지원해서 합격하는 경우도 간혹 있긴 하다.

나의 흑역사는 어떻게 처리할까?

회사를 자주 옮겨 다닌 사람은 소위 이력서가 상당히 지저분해진다. 짧게 다닌 회사를 적자니 민망해지고 적지 않자니 공백 기간이 발생한다. 이래저래 문제인 기간이다. 이런 분들이 참 많다. 물론 업종에 따라 이직을 너그러이 인정해주는 곳도 있으나 아직 우리 감정이 잦은 이직은 색안경을 끼고 바라보기 때문이다.

불행인지 아닌지는 모르지만 나도 이 부류다. 나도 8번이나 이직을 한 사람이기 때문이다. 이직에 대해 우리나라는 상당히 보수적이다. 미국처럼 고용이나 해고가 자유로운 국가에서는 이직에 대해 크게 신경 쓰지 않는다. 오히려 많은 이직을 다양한 경험을 쌓은 장점으로 생각하는 경향도 있다. 하지만 우리나라는 이야기가 다르다. 우리나라는 이직을 많이 한 사람에 대해 '문제가 있는 사람'이나 '진중하지 못한 사람', '언젠가는 다시 떠날 사람'으로 취급한다. 그래서 이직에 대해 금기시하는 문화가 분명히 살아있다.

나는 이직에 대해 긍정적으로 생각한다. 내가 이직을 많이 했기 때문이기도 하고 잦은 이직이 문화로 정착되어야 한다고 생각하기 때문이기도 하다. 그래야 경력직 채용도 활발해질 수 있다.

저마다의 개별 이직 사유를 살펴봐야 하겠지만 이직 자체가 무슨 죄도 아니고 더 좋은 직장, 더 본인에게 맞는 직장을 위해 옮기는 것이 왜 나쁜가 하는 생각이다. 하지만 너무 잦은 이직은 '부적응자'로 낙인찍힐 수 있으므로 조심해야 한다.

회사에 이직할 때 제일 조심해야 할 것이 '경력을 어떻게 적을까?' 이다. 가령 일곱 번 회사를 이직했다고 치자. 석 달 정도 다닌 회사도 있고 5년 이상 다닌 회사도 있다. 누구나 석 달 다닌 회사의 이력은 지우고 싶을 것이다. 경력으로 인정받기에는 너무 짧고 그렇다고 그 기간을 빼면 기간에 구멍이 생긴다. 전형위원들이 가장 색안경을 끼고 바라보는 '공백 기간'이다. 참 딜레마가 아닐 수 없다.

나도 이직하면서 이런 고민을 참 많이 했다. 이직 전 회사 중에서 근속기간이 매우 짧은 회사도 있었기 때문이다. 이럴 때 그 회사를 이력에서 지우나 마느냐에 대한 결정이 참 힘들다. 한 달 이하의 회사는 빼면 그만이지만, '건강보험 득실확인서'를 제출하라고 요구하는 회사가 많기 때문이다. 여기서 발각(?)이 되면 '훈장'이 아닌 '기스'가 된다. 실제 경력직 채용 시 '건강보험 득실확인서'를 제출받는 기관도 많다. 이 경우 경력을 전혀 속일 수가 없게 된다. 따라서 신중하게 대응해야 한다.

나는 6개월 미만으로 다닌 회사는 제외했다. 대부분 동시에 채용공고가 나서 지원하여 한군데가 먼저 합격자 발표가 난 경우다. 먼저 합격자 발표가 나 일단 입사 후 다니다 보면 다른 회사에서 연락이 왔다. 최종 합격하였다고 말이다. 그러면 고민하게 된다. 이 회사를 그대로 다닐까? 아니면 이직을 또 해야 할까? 이 같은 경우에 경력사항이 항상 고민이다. 이런 기간을 제외하다 보면 경력에 구멍이 숭숭 뚫린다. 이런 상황에선 복잡한 사람이 되느냐 마느냐 하는 딜레마에 누구나 빠질 수밖에 없다.

이런 이유로 이력서에 구멍이 뚫리고 지저분해지면 결국 피해를 보는 것은 지원자이다. 한 번 지저분해진 이력서는 다시 어떻게 고칠 수가 없다. 우리 인생은 딱 한 번이기 때문이다. 그래도 나는 이력서가 지저분한 것은 반대다. 다소 구멍이 뚫리더라도 너무 자세한 경력증명이 되어서는 안 될 것이다. 한두 번의 이직을 한 분이라면 크게 관계없겠지만 5회 이상 이직을 한 경우라면 1년 이하는 빼도록 하자. 그리고 면접 시 질문이 나오면 그와 같은 상황을 솔직하게 설명하면 된다. 이게 정공법이다.

28

초장에 휘어잡아야 한다
- 왜 시작이 중요할까?

글쓰기에서 항상 강조하는 것이 독자에 대한 고려이다. 글은 독자를 위해 쓴다. 더 자세히 말하면 독자에게 읽히기 위해 쓴다. 첫째도 독자, 둘째도 독자다. 최우선 고려 점은 항상 독자가 되어야 한다. 따라서 독자의 시선을 끄는, 마음을 움직이는 그런 글을 써야 한다. 글에 흥미 요소가 없으면 아무도 읽지 않는다. 누구나 '밥 먹는 것도 잊고, 잠자는 것도 포기하고' 흠뻑 빠져들어 글을 읽은 경험이 있을 것이다. 그런 글을 써야 한다.

다시 또 하는 이야기지만 '누구나 쓸 수 있는 글은 죽은 글이다.'. 입사 논술에서도 똑같다. 입사 논술은 누가 읽을까? 채점위원이 읽는다. 이 사람들은 하루에 도대체 몇 건이나 읽을까? 시간이 남아돌아 한 장 한 장씩 처음부터 끝까지 다 읽을까? 절대 그렇지 않다. 서론, 결론을 보고 대충 내용을 짐작하고 넘어간다. 하루에 봐야 할 양이 절대적으로 많기 때문이다.

논술에서 고득점을 획득하기 위해서는 채점위원을 힘들게 해서는 안 된다. 읽을 때 무엇인가 걸리는 것이 있으면 안 된다는 말이다. 이는 무난한 내용 구성과 전개가 고득점으로 이어진다는 말이기도 하다. 이것은 비단 논술뿐만 아니라 우리가 사회에서 살면서 쓰게 되는 글에는 모두 해당하는 것이다. 그래서 글은 눈에 확 띄고 재밌게 써야 한다. 글이 재미가 없으면 누구도 읽지 않는다. 그것은 고문이다. 가끔 듣는 강연에서도 가장 한심한 강연자가 뻔한 이야기를 예시 하나 들지 않은 채 그대로 읽는 사람이다. 이런 사람은 강사로서 빵점이다. 하지만 강연을 듣다 보면 이런 강사들이 의외로 많다.

그럼 눈에 확 띄게 하려면 어떻게 해야 할까? 가장 좋은 방법은 시작을 잘하는 것이다. 문장을 확 띄는 문구로 시작하는 것이다. 원론적인 이야기를 하지 말고 재밌는 문장으로 시작하면 된다. 가령 '저는 얼마 전 이런 놀라운 경험을 했습니다.'로 시작한다면 채점하는 사람도 '놀라운 경험?' 도대체 뭘까? 하고 궁금증을 가지기 마련이다. 인간이라면 누구나 다 마찬가지다. 따라서 문장을 시작할 때는 명문장을 몇 문장 적으며 시작하는 것이 좋다. 가령 '슬픔도 노여움도 없이 살아가는 자는 조국을 사랑하지 않는다.' 이런 문장으로 시작한다면 주의를 끌 만할 것이다.

임펙트 있는 문장을 평소에 잘 기억해 두었다가 적시 적소에 써먹으면 된다. 이런 작업은 갑자기 머리에서 툭 튀어나오기도 하지만 대부분 꾸준한 연습을 통해서 가능하다. 그래서 추천하는 것이 바로 '독서'다. 책을 꾸준히 읽으며 '내가 차용할 만한 문장'을 꾸준히 찾아내야 한다. 그리고 찾아낸 문장을 따로 적어놓는다. 그리고 적어놓은 비밀수첩을 시간 날 때마다 꾸준히 읽어라. 그래서 머릿속에 완전히 박아 놓아라. 그러면 문장을 쓸 때 그러한 문구들을 적시 적소에 잘 활용할 수 있다.

기승전결도 중요하다

소설도 마찬가지지만 논술도 기승전결이 아주 중요하다. 우리가 학교 때 배운 기승전결은 다음과 같다.

> **발단 - 전개 - 위기 - 절정 - 결말**

나는 이것을 N자형 구조라고 명명하고 싶다. 한번 치고 올라갔다가 고꾸라지고 다시 그것을 극복하고 올라가는 구, 이런 구조를 사람들은 아주 좋아한다. 그저 평범하고 무난한 글은 죽은 글이다. 잘 살던 사람이 갑자기 위기가 닥치고 그런 위기를 극복하려고 어떤 노력을 시도하고 마침내 극복해낸다는 아름다운 이야기. 이런 이야기를 사람들은 좋아한다. 공감대를 자아내기 쉬운 이야기이기 때문이다.

〈멈추지 마, 다시 꿈부터 써봐〉의 김수영 작가는 한때 가난과 가정 불화, 왕따로 인해 중학교를 중퇴하고 독학으로 연세대에 입학하고 한국 여성 최초로 골드만삭스에 입사하는 성공 가도를 달렸다. 그러다 갑자기 암에 걸리게 되고 죽기 전에 이루고 싶은 꿈을 적어 10년간 80여 개국을 여행했다. 그녀는 종합 콘텐츠 기업 '꿈꾸는 지구'의 대표이자, 유튜브 김수영 TV의 운영자, 김수영 스쿨을 운영하며 성공 가도를 달리고 있다. 사람들은 이런 스토리를 좋아한다. 눈물 없이는 듣지 못할 삶의 곡절을 좋아한다. 거기서 공감을 얻을 수 있기 때문이다.

엄밀히 말하면 기승전결은 동양의 전통적인 시 작법 중 하나이다. 특히 한시에서 절구체의 전형적인 구성법을 지칭하는 용어다. 즉, 기구에서 시상을 일으키고 승구에서 그것을 이어받아 발전시키며 전구에서 장면과 시상을 새롭게 전환하고 결구에서 전체를 묶어 여운과 여정이 깃들도록 끝맺는 것이다. 예를 들어보자.

철수는 매우 똑똑한 아이다.
철수는 공부를 열심히 해서 부모님이 원하는 대학에 입학했다.
하지만 그는 사회현실에 너무 분노해 학생운동에 참여하게 되었다. 민주화를 외치며 노동운동을 하다가 학교에서 제적 처분을 받았다.
그 후 그는 노동운동가로 변신하여 활동하다가 노동전문 변호사가 되기 위해 주경야독 끝에 사법시험에 합격하여 판사가 되었다.

이런 스토리를 좋아한다. 위기를 극복한 사례가 사람들에게 공감을 자아낸다. 나도 개인적으로 이런 이야기를 참 좋아한다. 보고 배울 것이 많아서다. 누구한테 배우지도 않았을 텐데 어린 나이에 방향을 잘 잡은 사람들을 보면 하늘이 창조적 예지를 선물한 것이 아닐까 생각도 한다. 하지만 지금 생각해보면 그것도 모두 본인의 노력이다. 가만히 있으면 아무것도 이루어질 것이 없기 때문이다.

29

문제에 답이 있다

- 질문의 의도를 파악하는 법

공공기관 전형 절차에서 논술시험이 있는 곳이 꽤 있다. 공기업을 중심으로 필기시험의 두 번째 단계로서 논술을 실시하고 있는 경우가 왕왕 있다. 결론부터 이야기하자면 논술 시험을 치르는 전형에서는 논술이 당락을 결정한다. 그래서 논술 시험에 치밀하게 대비할 필요가 있다.

그럼 논술에서 고득점을 하기 위해서는 어떻게 해야 할까? 논술의 핵심은 문제를 잘 읽는 데서 시작한다. 즉, 논술은 문제에 정답이 있다. 따라서 논술을 잘하기 위해서는 논술에 제시된 문제를 꼼꼼히 잘 읽어야 한다. 문제를 읽어보면 문제 속에 답이 있음을 쉽게 알 수 있다. 가령 '적극행정면책제도'에 대한 문제가 제시되었다고 치자. 적극

행정 면책제도란 공무원 등이 성실하고 능동적인 업무처리 과정에서 발생한 손실에 대해 공익성, 투명성, 타당성이 인정되는 경우 그 책임을 감경 또는 면제해주는 제도다. 열심히 일한 사람을 어떻게 처벌하겠는가가 주요 핵심 사항이다. 나는 이것을 '접시닦이 이론'에 종종 비유한다. 접시를 닦지 않으면 깰 일이 없다. 하지만 열심히 닦다 보면 실수로 한두 개 깰 수 있다. 여기서 접시를 안 닦은 사람을 욕해야지, 열심히 닦다 한두 개 실수로 깨뜨린 사람을 욕하는 것이 과연 타당한가? 하는 것이다.

<논술 문제 (예시)>

홍수통제관리소에서 A씨는 야근하고 있었다. 비가 많이 와 댐이 넘칠 우려가 있어 방류해야 하지만, 방류를 실시할 경우 댐 아래 마을에 홍수 피해가 우려된다. 아랫마을 이장으로부터 전화가 왔다. 댐 방류를 자제해 달라고. 하지만 규정상 댐 방류량은 국장의 승인이 있어야 조절이 가능하다. 국장은 지금 전화를 받지 않는다. 이 상황이면 어떻게 해야 타당한가?

이 질문에 대한 답변을 어떻게 구성해야 할까?

첫째, 국장의 승인이 없으므로 절대로 댐 방류량을 조절해서는 안 된다.

둘째, 위급상황이므로 일단 댐 방류량을 조절하고 나중에 국장에게 사후승인을 얻는다.

무엇이 정답일까? 정답은 당연히 후자다. 이 논술 질문의 핵심은 '적극행정면책제도'를 잘 이해하고 있는가이다. 이런 제도를 모르면 정답을 맞히더라도 그에 합당한 논리적 전개를 할 수 없다. 어떤 주장을 하면서 그에 합당한 근거를 제시해야 하기 때문이다.

이런 방식으로 논술 문제를 출제할 때 출제위원은 본인이 원하는 정답을 유도한다. 정답 유도를 위해 무엇인가 장치해놓는다. 이 질문에서 그것이 '적극행정면책제도'다. 즉, 문제 속에 답이 있다. 이 답을 정확히 이해해야 고득점을 받을 수 있다. 적극행정면책제도 자체를 모르면 근거 제시에서 횡설수설하게 되고 '채점자'는 이내 그 진실을 알게 된다.

미괄식보다는 두괄식!

논술에서 고득점을 획득하기 위해서는 약간의 무대뽀 정신이 필요하다. 이걸 소위 '무조건 쓰자'라고 한다. 글쓰기 책을 읽어보면 대부분 무조건 쓰라고 한다. 왜 그럴까? 쓰려고 고민해봤자 나올 것이 없기 때문이기도 하지만 핵심은 일단 써보면 써지기 때문이다. 논술은 시간이 관건이다. 짧은 시간에 자신만의 주장을 효과적으로 제시해야 한다. 그래서 일단 쓰고 봐야 한다. 쓰다 보면 저절로 글이 실타래처럼 풀어져 나오기 때문이다. 한 문장을 쓰면 다음 문장이 꼬리를 물게 되고 그다음 문장에서 또 꼬리를 문다. 이런 와중에 갑자기 아이디어가 떠오르기 시작한다. 점차 그렇게 '이제 뭔가 되겠는걸?'하고 자신감이 붙기 시작한다. 쓰기 전에는 전혀 나지 않았던 생각이다. 나도 대부분의 글을 이런 방식으로 쓴다. 즉 생각이 나 쓰는 것이 아니다. 쓰다 보면 생각이 나는 원리다. 희한하게도 아무 생각도 없던 것이 글쓰기를 시작하면 '저 여기 있어요'하고 줄줄 나오기 마련이다.

여기에 더 중요한 것이 있다. 결론을 초반에 말하라. 모든 글은 서론, 본론, 결론이 있다. 그렇다고 결론이 반드시 뒤로 가야 한다는 법은 없다. 우리가 흔히 말하는 연역적 방법, 귀납적 방법이란 결론을 먼저 말하고 그 논거를 제시하느냐, 아니면 논거를 제시하고 그 내용을 종합해 결론을 내는가이다.

여러분은 어느 방법을 택하겠는가? 정답은 없다. 두 방식 모두 장단점이 있기 때문이다. 나는 평소 글을 쓸 때 서두에 주위를 환기하는 내용을 쓰고 그다음 내용을 적다가 마지막에 결론을 낸다. 하지만 여기서 유의할 것이 있다. 나는 공공기관 논술을 쓰는 사람이 아니다. 내 글에 대한 평가를 받지 않는다. 하지만 여러분은 다르다. 논술은 평가받기 위해 쓴다. 채점위원이 눈에 불을 켜고 여러분의 답안지를 볼 것 같은가? 절대 그렇지 않다. 하루에 채점해야 할 분량이 절대 적지 않다. 채점위원도 인간이다. 그래서 글을 쓸 때는 결론을 초반에 내려놓고 그 근거를 하나씩 논리적으로 제시하는 것이 좋다. 이런 글이 고득점을 받는다.

논술 채점위원을 여러 차례 진행하면서 느낀 점은 특정 몇몇 글을 제외하고는 한 글을 보는 시간이 30초가 되지 않는다는 것이었다. 맨 앞과 맨 뒤를 보고 그리고 가운데를 슬쩍 넘겨보면서 점수를 매긴다. 간혹 특이하거나 매력적인 글은 자세히 읽기도 하지만 그런 글은 흔하지 않다. 따라서 두괄식으로 결론을 먼저 내는 것이 좋다. 논거도 좀 입체적으로 작성할 필요가 있다.

결론

주민의 민원에 따라 수문을 닫아야 한다.

논거

첫 번째 이유, 안전사고가 발생할 수 있다.
두 번째 이유, 비상 매뉴얼에도 그렇게 나와 있다.
세 번째 이유, 지휘권자가 근무하는 상황이었어도 똑같은 판단을 했을 것이다.
네 번째 이유, 적극 행정 면책사항에 해당한다.

이런 식으로 문제에 대한 결론을 먼저 내리고 그 이유를 하나씩 풀어나가는 방식을 사용하자. 이게 채점위원이 읽기 가장 편하다. 그리고 고득점을 맞을 수 있다. 미괄식(귀납적 방법)보다는 두괄식(연역적 방법)이다. 명심하자!

30

인적성은 가부의 문제이다
- 인적성시험 대처 방법

나는 이제껏 무수히 많은 인적성 검사를 봤지만 단 한 번도 통과하지 못한 적이 없다. 하지만 내가 꼴등으로 통과했는지 일등으로 통과했는지는 잘 알지 못한다. 속칭 문을 닫고 들어온다는 말처럼 통과만 하면 그만이다. 왜냐하면 인적성은 고득점이냐 저득점이냐? 문제가 아닌 통과냐 아니냐? 하는 문제만 있기 때문이다. 쉽게 말해 운전면허 필기시험을 생각하면 된다. 요즘에는 컴퓨터로 시험을 치르지만, 예전에는 종이 문제지를 받고 컴퓨터용 사인펜으로 OMR카드에 색칠하는 시험이었다. 시험이 끝나면 만점자를 호명하고 불러일으켜 박수를 쳐준다. 여기서 일등을 하나 70점으로 간신히 합격하나 큰 차이는 없다. 통과만 하면 된다. 당시 만점자를 보면서 '저 사람은 도대체 공부를 얼마나 했을까?' 하는 생각이 들었다. 보통 당시는 3일에서 5일 정도 달달 외워서 보면 누구나 합격한다고 했기 때문이다. 굳이 만점을 맞기 위해 한 달씩 공부하면 그게 오히려 수험경제학상으로 손해임은 이루 말할 필요도 없다.

인적성도 마찬가지다. 인적성 시험에 통과할 수 있는 수준, 말 그대로 패스만 하면 됐지 굳이 만점 받으려고 준비할 필요가 없다. 무난하게 봐서 통과할 정도만 준비하면 된다. 여기에다 많은 시간과 정력을 투입할 필요가 없다. 그것은 오히려 어리석은 짓이다.

인성은 짧은 시간에 문제를 빨리빨리 풀어야 하는 속도전이다. 잠시도 머뭇거릴 여유가 없다. 본인의 생각대로 빨리빨리 체크하고 넘어가야 하고 같은 질문이 꾸준히 나오므로 일관성 있게 답변하는 것이 중요하다. 즉, 무난하게 답변하는 것이 가장 좋다. 긍정적이고 낙관적인 대답을 하면 된다.

적성은 문제가 어렵고 시간이 없어 출제자의 출제의도를 파악하면서 문제를 최대한 빨리 풀어야 한다. 한두 문제로 시간을 지체할 경우 문제를 대부분 못 풀게 되는 수가 있다. 이 경우 탈락할 수도 있으니 평소에 준비를 해 둘 필요가 있다.

결론적으로 인적성은 가부 즉 통과냐 아니냐의 문제이므로 통과할 정도로 준비하면 그것으로 충분하다.

인적성은 시간과의 싸움

인적성 시험을 보면 누구나 공통으로 느끼는 것이 있다. 바로 시간 부족이다. 시간만 충분하면 다 풀 수 있을 텐데 도대체 시간이 없다. 그 많은 문제를 어떻게 이 시간에 풀란 말인가? 이런 생각이 든다면 그건 인적성 시험에 대해 정확히 이해한 것이다.

인적성은 본래 시간은 충분하게 주지 않는다. 충분한 시간은 사람에게 자기 논리를 만들 수 있게 한다. 자신을 포장할 수 있다. 그래서는 제대로 된 인적성이 아니다. 좋은 환경에서 느긋하게 생각하면 나쁜 사람 하나도 없다. 다 좋다. 그래서 평화로운 시절에는 영웅이 나타나지 않는다. 하지만 어떤 사람도 코너에 몰리면 그 사람의 본래 성격이 나온다. 본성이 나온다. 갑자기 욕설하거나 목소리가 빨라지고 본인도 모르게 목소리 톤이 올라가거나 특유의 제스처를 취한다. 이게 인간의 본능이다.

인적성 시험은 이런 인간의 본능을 건드리는 시험이다. 시간이 없으면 적당히 아는 문제만 풀면 되는데 인간의 본성이 절대로 그렇지 않다. 100분에 100문제를 푸는 시험이면 본능적으로 한 문제에 1분이구나 하는 생각을 한다. 그리고 그 시간 안에 문제를 풀려고 한다. 이런 시간을 1분이 아니라 10초로 줄인다면 어떻게 될까? 거의 문제를 읽는 동시에 답을 해야 하므로 본능적으로 문제를 풀게 될 것이다. 생각할 시간이 없기 때문이다. 이럴 때 그 사람의 인성과 적성이 발현하게 되는 이치이다.

나는 개인적으로 이런 인간의 본성에 기초를 두고 시간을 이용해 압박하는 인적성 검사의 신뢰성에 대해서 약간의 불만을 가지고 있다. 그래서 가부를 결정할 때 참고 자료로만 써야지 그 자체로 합격 불합격을 나누는 것은 문제가 있다고 생각한다.

어중간함을 거부하는 인적성

인적성은 어느 기관이나 외주를 주어 시행한다. 외주기관 중 정평 난 곳은 이미 정해져 있다. 회사마다 큰 차이가 있는 것이 아니다. 최근에는 대부분 인터넷에 접속해서 치르므로 본인이 보는지 타인이 보는지 알 수가 없다. 한마디로 유명무실해졌다 이 말이다.

그런데 웃긴 건 이런 와중에도 떨어지는 사람이 있다는 거다. 한 번도 떨어져 본 적이 없는 사람이라면 별문제가 될 것이 없지만 한 번이라도 떨어져 본 사람은 상당히 스트레스다. 따라서 초반에 잡아놓을 필요가 있다. 대부분 붙는 시험을 '나는 왜 떨어지는가'에 대해 진지하게 고민할 필요가 있다.

최대한 초반에 통과시켜 놓을 정도로 기준을 잡아놓는 것이 좋다. 이렇게 하지 않으면 어떻게 될까? 시험 치를 때마다 스트레스다. 이렇게 스트레스를 받으면 병에 걸린다. 따라서 초반에 잘 준비해서 인적성은 그냥 통과의례 정도로 넘길 정도가 되어야 한다.

최근에는 공공기관 중 인적성 시험을 보지 않는 곳도 늘고 있다. 왜냐하면 인적성 시험을 특정일에 모아서 치르면 아무래도 수험생들의 불편함이 있고 비용도 많이 소요된다. 게다가 인터넷으로 실시하면 본인이 하는지 대리 시험을 치는지 알 수가 없다. 이런 이유로 신뢰도가 많이 떨어진 것은 사살이다. 하지만 아예 없어지기는 힘들 것으로 보인다. 왜냐하면 문제점은 어떻게든 개선되기 때문이다.

제5장

NCS 기반 채용

- 면접 -

31

면접관이 원하는 대답이란?

- 정직이 미덕이기는 하지만

면접관은 지원자의 잘하는 점을 찾기보다는
실수를 찾아내 탈락시킬 사람을 찾는다.

면접관의 질문에는 목적과 의도가 있다. 항상 상대방이 무슨 질문을 하면 '왜 이런 질문을 하지?'하고 생각하는 습관을 들이자. 그러면 상대방 입장에서 이해하게 되고 상대방에게 대응할 수 있는 반대 논리를 세울 수 있다. 이런 연습은 평소에 꾸준히 해야지 막상 갑자기 하려고 하면 잘 안 되는 법이다.

그럼 면접관이 원하는 대답이란 무엇일까? 면접관은 이미 질문을 하면서 본인이 원하는 대답을 이미 머릿속에 넣고 있다. 즉, 자기가 원하는 대답을 염두에 두고 질문을 한다. 답변이 자기가 원하는 것이 아니면 일단 거부감이 든다. 거부감이 들면 일단 분위기는 안 좋은 쪽으로 흘러간다고 봐야 한다. 이런 상황에서는 '뭔가 혁신적인 이유'가 있지 않는 한 회복하기 힘든 것이 현실이다. 면접관이 원하지 않는 대답을 한 이유가 명확해야 하는데, 보통 변명으로 일관하다가 마이너스로 작용하는 경우가 90% 이상이다.

설명이 길어지면 의견 개진이 아니라 이미 '변명'의 시작이다!

면접에서 면접관이 하는 질문은 '붙이기 위한 질문'이라기보다는 '떨어뜨리기 위한 질문'이다. 질문의 정합성에 맞지 않는 지원자를 골라 내 탈락시키는 작업이 면접이다. 따라서 면접관의 의도에서 일탈하지 않는 답변을 하는 연습을 꾸준히 해야 한다. '저분이 나를 시험하고 있구나!'라는 생각이 들 정도는 돼야 면접에 성공적으로 임할 수 있다. 여기에 본인만의 차별점이나 특장점을 팥빙수에 토핑을 올리듯이 살짝 겸손하게 올려놓으면 100점이다.

다소 간의 포장도 필요하다

영화 〈트루먼 쇼〉를 보면 주인공은 자기만의 삶을 살아간다. 놀랍게도 주인공의 삶은 전 세계 시청자에게 실시간으로 중개된다. 한 사람의 출생부터 현재까지 전 인류가 트루먼의 일상을 훔쳐본다. 세상 사람 다 아는데 그만 모른다. 그가 만나는 모든 사람은 결국 그를 위해 존재하는 방송 소품이다. 심지어 사랑까지도. 그에게 진실은 그가 방송용 인간이라는 것 외엔 아무것도 없다.

트루먼 쇼의 주인공 역시 본인의 삶은 진실이라고 철석같이 믿는 인생을 살지만, 그것은 이미 진실이 아니다. 이 영화는 채용에서도 많은 것을 시사한다. 진실의 이면 저편에는 과연 무엇이 있을까? 우리가 진실이라고 믿는 것들이 진실이 아니라면? 우린 진실이라는 고정관념 속에서 학습되어 길들었다. 그래서 우리가 맞다고 믿는 것이 맞지 않을 수도 있다는 사실을 애써 외면하려 한다. 자신의 인생을 송두리째 부정하게 되기 때문이다.

면접에서도 똑같은 상황이라고 가정해보자. 지금까지 내가 살아온 현재와 과거의 내 모습, 그리고 서류에 드러난 내 이력이라는 것들이 과연 얼마만큼 진실할까?

> 나는 어떤 사람일까?
> 내가 살아온 삶은 진실한 삶인가?
> 나의 이력은 제대로 나를 증명하고 있는 건가?

그래서 가끔 이력서를 작성하며 나 자신을 돌아보게 된다. 여기서 하고자 하는 말의 핵심은 이것이다.

> 진실은 상대적인 관점이다.
> 그러니 다소간의 포장이 필요하다.
> 그게 오히려 진실일 수 있다.
> 다만 과한 포장은 진실에서 멀어질 수 있다.

　면접에서도 이와 같은 원리를 적용할 필요가 있다. 있는 그대로를 보여주기보다는 다소간의 포장이 필요하다. 내 본모습을 보여주기보다는 면접관이 원하는 모습을 보여주어야 한다. 그러기 위해서는 또 다른 나의 모습을 만들 필요가 있다. 일종의 대역인 셈이다. 영화 〈카게무샤〉, 〈광해, 왕이 된 남자〉, 〈데이브〉처럼 또 다른 나를 만들어보자.

32

겉으로 보이는 모습이 왜 중요할까?

- 외면으로 드러나는 진실

면접에서 빠지지 않고 등장하는 것이 '1분 자기소개'이다. 대부분의 면접에서 1분 자기소개를 요구한다. 내가 응시자로 지원한 과거에도, 면접관으로 들어가는 지금도 '1분 자기소개'는 여전히 있다. 처음에는 그랬다. 고작 1분인 자기소개가 무슨 의미가 있을까? 1분이라는 시간 동안 자기소개를 하면 얼마나 하겠는가? 하지만 면접관으로 들어가면서 생각이 바뀌었다. 1분 자기소개가 왜 필요한지 알게 되었기 때문이다.

1분 자기소개는 나름대로의 중요한 효용성이 있다. 처음의 어색한 분위기를 줄이고 본격적인 면접 모드로 돌입하는 대단히 훌륭한 방식 중 하나이기 때문이다. 따라서 1분 자기소개는 심각하고 거창하게 생각하기보다는 그 나름의 쓰임새가 있다고 생각하자. 실제 자기소개보다는 지원자의 목소리나 자세, 의견 개진방식(일명 화술)을 보는 자리이다.

고작 1분이라는 시간이지만 그 사람의 스타일 혹은 외연으로 드러나는 모습을 캐치하는 데 1분은 충분한 시간이다. 충분히 짧은 시간이기에 1분 자기소개를 제대로 하지 못하면 준비 부족 내지 성실성 의심이라는 의혹의 눈초리를 받을 수밖에 없는 시간이기도 하다. 간혹 1분 자기소개를 듣다 보면 중언부언하는 지원자가 있다. 왠지 준비하지 않은 것처럼 느껴진다. 아예 준비하지 않았거나 마음속으로 대략의 순서만 정해 놓고 이야기할 때가 그렇다. 이런 분들은 대본대로 외워서 하는 분들과는 큰 차이가 난다. 면접관도 대번에 알아챈다. 따라서 1분 자기소개는 미리 원고를 준비해 달달 외우는 것이 좋다. 이렇게 하지 않으면 내용에 치중하게 되면서 목소리나 자세를 놓칠 확률이 커지기 때문이다. 자연스러움이란 부단한 반복과 노력으로 만들어지는 법이니까. 완벽하게 외워서 실전처럼 사람을 앞에 앉혀놓고 아예 유전자에 박히도록 연습하자!

면접에서는 영어 1분 자기소개도 가끔 시킨다. 외국에서 살다 온 이력이 있거나, 국제협력 등과 같은 직종을 뽑을 때가 그러하다. 하지만 일반 지원자에게도 예정에 없다가 이벤트성으로 진행하기도 한다. 나도 이런 경험이 한 번 있다. 갑자기 한국계인 유창한 영어를 구사하는 면접관이 영어로 말을 걸어왔다. 이렇게 예기치 않게 영어로 질문하면 누구나 당황하기 마련이다. 사전에 준비하지 않았거나 영어에 특별한 자신이 있거나 하지 않으면 더욱 그렇다. 영어 자기소개도 언제든지 시킬 수 있다는 생각으로 사전에 준비할 필요가 있다. 원고를 미리 준비해 달달 외우는 것을 추천한다. 아무리 영어에 자신이 있다고 해도 준비가 없으면 긴장해서 중언부언하는 경우가 많다. '나는 잘할 수 있어요'하는 사람도 면접장의 분위기와 심리적 중압감으로 인해 기본 실력조차 나오지 않는 경우가 허다하다.

자기소개의 주목적은 실제 자기소개를 들으려는 것이 아니다. 그 사람의 목소리 톤(이게 브리핑 능력과 직결된다)이나 제스처, 자세 등을 보려는 것이다. 따라서 나를 소개한다는 생각보다 전체적인 내 외양과 인상을 보여준다는 생각으로 임해야 한다. 실제 면접관은 말 자체보다는 태도와 말투, 자세를 더 유심히 본다.

제스처에 약한 우리 한국인

우리 한국인은 유독 제스처에 약하다. 제스처 자체를 금기시하는 문화가 뼛속 깊숙이 자리 잡고 있다. 왜 그럴까? 제스처를 취하면 산만하다는 인상을 가지고 있어서인가? 아니면 건방져 보인다든가 혹은 너무 작위적이라는 느낌이 들어설까?

실제 면접장에 들어가 보면 로봇처럼 부동자세로 앉아서 면접에 임하는 지원자가 대부분이다. 물론 과도한 몸동작은 부동자세보다 못하겠지만 일정 수준의 제스처는 꼭 필요하다. 그 자체로 이미 타 지원자와 차별성이 있기 때문이다. 실제 자연스레 제스처를 하는 지원자를 보면 제스처 자체의 효용성을 따지기보다는 '아! 이 친구는 제스처까지 준비했구나'하는 다소 긍정적인 생각을 하게 된다.

한 면접장에서 있었던 일이다. 자기 소개하라고 하자 한 지원자가 이렇게 말했다.

일어서서 해도 되겠습니까?

나는 멍하니 앉아 있다가 깜짝 놀랐다. 다들 앉아서 하는데 본인만 굳이 일어서서 한다고 하니 상당히 의외였기 때문이다. 여태껏 면접에 참여하면서 이런 지원자를 본 적이 없었다.

이 친구가 무리수를 두는구나.

이 지원자는 자리에서 일어나더니 90도로 인사하면서 이렇게 말했다.

> 준비된 지원자! ○○과 함께 하고픈 열정적 인재!
> 안녕하십니까! 신뢰와 화합을 목숨처럼 생각하고 이 회사에 들어오기 위해 5년간 준비한 김영웅이라고 합니다!

결국 이 지원자는 합격했다. 면접관도 이런 지원자는 처음 보았을 것이다. 나도 처음 봤다. 굳이 의자가 있는데 일어서서 하는 사람은.

내가 말하는 제스처는 이 정도까지는 아니다. 질문에 답변하며 시선을 면접관에 두고 적절한 몸짓을 통해 면접관과 교감하라는 것이다. 하지만 이 지원자는 일어섰다. 이때 면접관들은 어떻게 생각했을까? 아마 신선한 충격을 받았겠다고 생각한다. 결과적으로 이 지원자는 이런 특이한 행동으로 인해 가점을 받았다. 일어서서 제대로 효과를 보았기 때문이다.

이 지원자처럼 특이한 행동을 하는 것까지는 문제가 아니다. 문제는 행동이 결과로 이어지도록 해야 한다는 것이다. 이 지원자는 매끄럽게 진행을 잘했다. 그래서 합격했다. 만일 진행이 매끄럽지 못했다면? 아마도 웃음거리가 되었을 것이다. 이 친구가 지금 직장을 잘 다니는지는 궁금하지만 나름 전략적으로 준비해서 온 것으로 생각한다.

제스처 없이 부동자세로 답변하는 것이 무조건 잘못된 것은 아니다. 오히려 예의 바른 모습으로 보일 수 있다. 하지만 평범하게 해서는 조용히 묻히기 마련이다. 때로는 모험이 탐스러운 과실을 맺기도 하는 법이다. 나 자신을 돌아보라! 특별한 이력이 없다면 출중한 능력이 없다면 어떻게든 특단의 방법이라도 써야 하지 않을까?

목소리 톤도 상당히 중요하다

나는 목소리 좋은 사람을 선호한다. 목소리가 좋으면 괜히 그 사람에게 신뢰가 간다. 유튜브로 강의를 간혹 찾아 듣는데, 목소리 톤이 좋은 강사를 보면 나도 모르게 신뢰가 간다.

사람의 타고난 목소리야 어떻게 바꿀 수 있는 부분이 아니라고 생각할 수 있겠지만, 사실은 절대 그렇지 않다. 노력하면 분명히 바꿀 수 있다. 유명한 가수 중에서도 노래할 때 목소리와 평소 목소리가 다른 경우가 많다. 성우도 마찬가지다. 방송용 목소리와 실제 목소리가 같은 성우도 있지만 그렇지 않은 성우도 많다. 즉, 의식하면 다른 소리를 낼 수도 있다는 말이다.

말이 잘 안되거나 더듬거리거나 목소리 울림이 좋지 않은 사람, 목소리가 지나치게 작은 사람은 스피치 학원이나 화술학원에 다녀볼 것을 권한다. 말하기 학원에서 자신감도 얻고 발음도 교정하다 보면 생각지 못했던 의외의 성과를 얻을 수도 있다. 본래 가만히 있으면 아무것도 이루어지지 않는 법이니까.

특히 목소리 톤이야 어쩔 수 없다손 치더라도 목소리가 작다면 그건 반드시 고쳐야 한다. 면접에 들어가 보면 쥐 죽은 듯한 모기 목소리를 내는 사람이 있다. 무슨 말인지 잘 안 들려 목소리 좀 더 크게 해달라고 여러 차례 주문받는 지원자도 있다.

답변할 때 목소리를 좀 크게 하고 말을 또박또박 하는 연습을 해야 한다. 그리고 말을 너무 빠르지 않으면서 느리지도 않게 연습하자. 말을 너무 빨리하면 사람의 성격이 급해 보이고 느리게 말하면 답답해 보인다. 그래서 뭐든지 적당한 게 좋다.

나는 목소리 톤이 좋은 사람이 일도 잘한다고 생각한다. 목소리 톤이 안 좋은 사람이 일을 잘하지 못하는 경우는 보았어도, 목소리 톤 좋은 사람이 일 못하는 경우는 본 적이 없다. 그만큼 목소리 톤이 중요하다. 성우처럼 할 수는 없을지라도 비슷하게끔 목소리를 내도록 평소에 노력하자. 면접 때 의식적으로 하려고 해도 당황하거나 하면 본래 목소리가 나온다. 그게 사람의 본능이다.

33

세상은 혼자 사는 것이 아니기에
- 상대방을 왜 배려해야 할까?

　나는 토론을 상당히 잘하는 편이다. 내가 토론에서 뛰어난 역량을 발휘하는 결정적인 이유는 상대방의 말을 잘 듣지 않기 때문이다. 나는 상대방의 말은 잘 안 듣고, 그의 표정이나 제스처를 유심히 본다. 그리고 거기서 실마리를 찾아낸다. 사람마다 본인도 모르게 무의식적으로 하는 행동들이 있다. 그걸 잘 포착해내면 굳이 말을 듣지 않더라도 그 사람의 입장을 알 수가 있는 것이다.

　최근에는 토론 면접이 많이 사라진 것 같다. 시간이 오래 걸리고 면접관의 주관이 지나치게 개입될 수 있어 객관적인 판단을 하기가 어렵다고 생각하는 모양이다. 하지만 규모가 큰 공기업 위주로 여전히 토론 면접은 시행하고 있다.

토론 면접은 왜 할까? 토론 면접은 '이 사람이 얼마나 논리적으로 자기 의견을 개진할 수 있는가?'를 알아보는 것이다. 직장생활을 하다 보면 문서작업도 중요하다. 하지만 더 중요한 것이 본인의 생각을 '말'로 표현하는 능력, 즉 커뮤니케이션 능력이다. '말'을 글자화한 것이 '문서'이고, 결국 말과 글은 크게 보면 같은 것이라고 할 수 있다.

토론 면접을 막상 진행하다 보면 '정말 말 잘하는구나'하는 생각이 드는 사람도 있고, 딱하다 싶은 정도로 말주변이 없는 사람이 있다. 대부분 자신의 논리를 근거까지 대면서 잘하는 편이지만 시간이 지나다 보면 반드시 실수하는 사람도 나온다. 그들은 과연 어떤 유형일까?

첫째, 이야기하다가 삼천포로 빠지는 사람

둘째, 한마디면 될 말을 중언부언 계속 이야기하는 사람

셋째, 타인을 공격하는 사람

넷째, 성급하게 결론지어 버리는 사람

다섯째, 자세가 아주 불량한 사람

1. 이야기하다 삼천포로 빠지는 사람

이런 사람들의 특징은 '내용 파악'이 부족하다는 것이다. 내용 파악이 안 되니 자기 생각을 정리할 수 없고, 생각을 정리할 수 없으니 이

상한 소리만 하는 것이다. 이럴 경우 '튀는 내용'으로 이야기하지 말고 두리뭉실하게 넘겨야 한다. 말이 많아질수록 마이너스다. '그래서 어 쩌란 말이야?'란 말을 들을지언정 말을 줄여야 한다. 비록 토론이라 도 말이다. 말을 할수록 손해니까. 이런 사람은 회사에서 아주 싫어 한다.

2. 한마디면 될 말을 중언부언 계속 이야기하는 사람

이런 사람들의 특징은 어떤 결론을 내놓고 그걸 증명하기 위해 '변 명'을 댄다. 이런 사람은 면접관이 아주 싫어한다. 면접관들은 그 사 람이 어떤 생각을 하고 있는가가 궁금하지, 구구절절 설명을 다 듣고 하고 싶지 않다. 솔직히 면접내용에 대해 별 관심 없다. 진실이 뭔지, 그 내용이 뭔지 알고 싶어 하지 않는다. 그런데 굳이 면접관을 왜 설 득하려고 하는가? 말이 중언부언 길어지는 것보다는 짧고 임펙트 있 는 한마디가 더 좋다. 이런 분들 역시 1번과 마찬가지로 말할 때마다 점수를 까먹는다.

3. 타인을 공격하는 사람

토론 면접에서 타인을 공격하면 좋은 인상을 심어주기 힘들다. 직 장생활은 조직 생활이다. 조직원들이 조직을 위해 합심해서 일하는 곳이 바로 회사이다. 팀장과 팀원이 팀워크를 발휘하여 팀에게 주어 진 임무를 수행한다. 따라서 팀워크를 해칠 수 있는 사람은 아무래도 꺼려할 수밖에 없다. 나와 생각이 다르더라도 '다름을 인정할 수 있는

포용력이 있는 사람'이 회사에서 생각하는 인재상이다.

토론에서 보면 '그러면 어쩌자는 겁니까? 대안은 있습니까? 너무 감상주의에 빠져계시네요. 현실과 이상을 혼동하고 계십니다. 그건 님이 모르셔서 하는 말입니다.' 등의 상대방을 공격하는 말을 하는 사람을 자주 보았다. 그런 상황을 볼 때마다 마음이 좋지 않다. 또한 합격했다는 말을 들은 적도 없다.

4. 성급하게 결론지어 버리는 사람.

이런 사람은 보통 토론에서 이런 식이다. '아 그래서 이건 안 된다는 말씀이신가요? 그걸 그렇게 정의해 버리면 시작부터 잘못된 거네요' 회사에서는 나와 다른 상대방의 의견을 경청하는 사람을 좋아한다. 옛말에 '듣는 것의 십분의 일만 이야기하라'라는 말이 괜히 나온 것이 아니다. 하나의 팩트에도 관점이 다 다르고 의견 역시 다 다르기 마련이다. 따라서 우리가 흔히 말하는 '성급한 일반화의 오류'를 범하는 지원자들이 의외로 많다. 이런 사람은 탈락할 언저리에서 줄을 타고 있다. 왜 이런 현상이 일어날까? 깊이 생각하지 않고 단편적으로 생각하기 때문이다. 우리가 흔히 '행간의 의미를 읽어라'라는 말을 곱씹어보면 왜 단정적으로 성급하게 결론짓는 것이 위험한지 잘 알 수 있다.

5. 자세가 불량한 사람

토론 면접도 면접이다. 대면면접 때 보다 아무래도 편하게 대화할 수밖에 없다. 하지만 여기서도 토론 내용만 보는 것이 아니다. 면접관을 해보면 알겠지만 토론 내용은 토론 면접 평가에서 20% 이하다. 나머지는 뭘까? 50% 이상이 그 사람의 이미지다. 토론자로서 제대로 토론하고 타인과 의견을 나눌 수 있는 역량을 이미지화하여 본다. 따라서 자세도 아주 중요하다. 자세가 이미지의 절반이다. 토론 시 다리를 떨거나 열 받는다고 얼굴이 붉으락푸르락하거나 의자를 젖혀 앉거나 팔을 의자에 괴는 등 불손한 태도를 보이는 지원자를 많이 보았다. 이들은 처음에는 단정한 자세로 토론을 시작한다. 그러다 토론이 무르익으면 자세가 바뀐다. 무의식 속에 있는 본성이 나온다. 그리고 탈락한다.

의견을 정리하지 말라

한 기업의 입사 면접에서 있었던 일이다. 총 7명이 토론자로 참여했다. 하나의 주제를 두고 사회자 1명, 찬성자 3명, 반대자 3명이 토론을 진행했다. 여기서 사회자가 말썽을 일으켰다. 토론자들이 자기 주장을 열심히 펴고 난 후 사회자가 그 말을 정리하는 말을 계속했기 때문이다.

> '아! 아무개 씨 의견은 군 가산점이 이런 이유로 문제가 있다는 말씀이시군요. 그렇게 요약할 수 있겠습니다.!

참다못한 면접관이 사회자를 제지했다. 토론자의 발언에 대한 판단은 우리가 할 테니 의견을 정리하지 말라고 했다. 난 이 말이 15년이 넘은 지금도 기억에 생생하다. 그때 난 이런 생각을 했다.

> 사실을 사실 그대로 받아드리자, 그걸 내 기준으로 판단해 누구에게 강요하지 말자!

사람은 본성적으로 사회적 현상이나 외부적 충격에 대해 자기 나름대로 해석하는 경향이 있다. 그런 해석이 반복되다 보면 본인 스스로 긍정이나 부정의 생각이 굳어진다. 그 생각은 타인에 대한 본인만의 평가(주로 부정적 평가)로 이루어지게 된다. 인간들 간에 갈등과 반목이 싹트는 원리이다.

사람이 어떤 생각을 하고 판단을 할 때 '오직 한 가지' 이유만을 가지고 할까? 가령, '너를 사랑한다'고 할 때 그 사랑의 감정이 단지 '사랑'이라는 단 한 가지 이유로 설명될 수 있을까? 누군가가 내 의견에 강한 거부감을 나타낼 때를 곰곰이 생각해보면, 단지 내 의견 그 하나 때문이 아니라, 오랜 기간 나에 관해 굳혀진 이미지가 그것을 촉발해낼 가능성이 크다는 것이 내 오랜 지론이다. 단지 이번 한 번뿐이 아니라는 것이다. 우리 인간에게는 의식적인 자기 판단 외에 자신도 모르는 무의식의 세계가 존재하고, 그곳에는 나도 모르게 오랜 기간 쌓여온 질척하고 복잡다기한 또 다른 세상이 있다. 그 심연 속까지 들어가면 나도 도저히 알 수 없는 또 다른 나의 모습이 존재하기도 하는 것이다. 어찌 보면 그 모습이 진정한 나의 모습이 아닐까? 그런 모습이 우리에게 긍정성을 가져다주지 않을까?

자꾸 강조하는 말이지만 '역지사지'를 실천하기가 정말 힘들다. '왜 저 사람은 저렇게 이야기할까?'라는 이유를 찾자고 그렇게 강조해도 실상 그걸 실천하는 사람은 많지 않다.

타인의 의견을 본인이 재해석하는 습관은 버려야 한다. 특히 면접 때는 말할 것도 없다. 토론 면접 시 타인의 의견을 본인이 재해석하지 말자. 있는 그대로를 인정하자. 내가 소중하듯 타인도 소중한 것이고 자유 민주주의 국가인 대한민국에서 무슨 생각을 하든지 개인의 자유다. 그걸 본인의 잣대로 재단하지 말자. 타인의 생각은 내 생각이 아니다. 서로를 존중해주는 문화가 어느 때보다 필요한 시점이다. 결국 판단은 면접관이 한다.

34

특이한 질문은 오히려 기회다

- 변칙 질문에 대응하는 자세

자기소개서에 대한 면접관의 질문을 크게 두 가지 유형으로 나눌 수 있다. 하나는 구체적으로 세부 항목을 건건이 질문하는 경우이고, 다른 하나는 그냥 막연하게 글자 수 제한만 두고 통으로 제출하라고 하는 경우다. 전자의 경우 보통 질문사항은 다음과 같다.

1. 성장 과정
2. 성격의 장단점
3. 학창 시절
4. 사회 경험
5. 지원동기
6. 입사 후 포부

이런 질문들에 대한 대답은 거의 정해져 있다. 입사지원자라면 이러한 질문에 대한 답변은 이미 준비해놓고 있을 것이다. 사람마다 작성하는 수준도 거의 차이가 없다. 대동소이하다. 대부분의 지원자가 무난하게 적기 때문이다. 그래야 지원하고자 하는 모든 회사에 별다른 수정 없이 사용할 수 있기 때문이기도 하다. 나도 그랬었다.

그렇다면 예상을 벗어난 황당하거나 난감한, 어려운 질문을 할 때에는 어떻게 답변해야 할까? 자기소개서 작성은 면접이 아니므로 시간이 부족하다는 변명은 통하지 않는다. 따라서 질문자의 질문 의도를 적확하게 파악한 후 충분한 시간을 가지고 신중하게 고민을 거듭하여 답변하면 그걸로 충분하다. 중요한 것은 자기소개서가 면섭의 질문 포인트가 되도록 만드는 것이다. 소위 질문의 낚시질이다. 보통 면접위원들은 면접 당일이 되어서야 자기소개서를 읽어볼 수 있다는 이유로 낚시질에 대한 회의론도 있지만 내 생각엔 절대 그렇지 않다. 오히려 짧은 시간에 자기소개서를 읽고 질문을 하므로 오히려 상황이 더 좋을 수도 있다는 것이다. 사람은 누구나 저마다의 사연이 있기 마련이고 특이한 이력도 생기기 마련인데, 바로 그곳이 질문의 집중 대상이다. 따라서 이를 적극 활용할 필요가 있다. 피해갈 수 없다면 즐겨야 하는 것이 세상 이치이다.

예를 들어보자. 상황극이다.

회사에 일이 너무 많아졌다. 다들 야근하는 분위기인데 오늘 하필 동 창회 모임이 있는 날이다. 1년에 한 번 하는. 꼭 나가고 싶다. 어떻게 할 것인가?

이 질문을 왜 했을까? 친구들과의 약속, 직장의 업무, 이 양자가 부 딪치는 양자 선택의 상황에서 과연 어떤 선택을 해야 하는가에 대한 질문이다. 즉, 회사에 대한 충성도 테스트다. 나도 이와 비슷한 질문 을 면접장에서 받은 경험이 있다. 정확히 기억이 나지는 않지만 '회사 업무가 먼저다'라고 평범하게 대답했던 것 같다. 지극히 평범해 보이 는 이 대답이 정답이다. 당연히 '회사 일이 우선이라고 생각하며, 모임 에는 다음에 반드시 참석하겠다고 정중하게 양해를 구하겠습니다'라 고 대답해야 한다. 더 이상 무슨 말이 필요할까? 역으로 모임에 참석 한 후 다시 회사로 나와 밤을 새우더라도 일하겠다고 해야 할까? 글 쎄 이런 모험을 하는 이는 없으리라 본다.

'개인의 이익보다 회사의 이익이 우선한다고 생각합니다. 야근이 필요 하다면 당연히 하는 것이 맞습니다.'

이 대답이 100점짜리일까? 아니다. 여기서 점수를 더 얻을 수 있 다. 그건 '팀워크'를 언급하면 된다. 가령 다음과 같다.

'개인보다 회사가 우선한다고 생각합니다. 회사에는 팀이 있고 우리 모두 한 팀이라는 마음가짐으로 필요하다면 야근뿐만 아니라 매사에 함께 해 나가는 것이 중요하다고 생각합니다.'

이 정도로만 답변하면 100점이다.

난감한 질문을 받으면 당황하여 횡설수설하는 경우가 많다. 특히 양자택일의 상황으로 내몰리는 경우가 그러하다. 가장 무난한 한쪽을 택하되, 그 이유를 적절하게 구사할 줄 알아야 한다. 특히 무난하지 않은 쪽을 택한다면 누가 들어도 납득이 가는 사유를 제시하거나, 기발한 답변으로 평가위원의 눈에 띄도록 하는 것도 전략이다.

나를 어필할 좋은 기회라고 생각하자. 본래 위기 속에서 기회가 싹트는 법이다. 위기를 기회로 이용할 줄 알아야 전세를 역전할 수 있다. 위기를 두려워할 필요가 없다. 그렇게 하기 위해서는 두 가지가 필요하다. 첫째, 질문의 의도를 파악해야 한다. 이 사람이 왜 이런 질문을 할까? 이 질문의 배경에는 도대체 무엇이 있는 걸까? 이들이 원하는 답변은 과연 무엇일까? 그러면 답변이 자연스레 '저 여기 있어요!'하고 고개를 내밀기 마련이다. 교과서를 읽는 듯 수동적이고 틀에 박힌 답변보다 나한테 전혀 관심 없던 면접관이 고개를 쳐들고 나를 다시 바라보게 되는 그런 답변을 해야 한다. 나 역시 아무 생각 없이 앉아 있다가 참신한 답변을 하면 깜짝 놀라 그 지원자를 유심히 다시 본다. 둘째, 예상 질의응답을 항상 준비해야 한다. 무엇이든 질문을 예상하고 이에 대비하는 사람은 거침이 없다. 질문을 예상하는 과정에서 이미 입체적으로 대응책이 머릿속에 그려졌기 때문이다. 따라서 질문을 선정하는 과정에서 모든 경우의 수가 대략 그려진다. 예상에서 벗어난 질문도 제대로 대답할 수 있다는 말이다.

최근 면접을 들어가 보면 가장 많이 하는 질문이 '우리는 지방 이전 대상인데(혹은 지역에 지사가 있는데) 지방에서도 근무할 수 있는가?'이다. 그러면서 넌지시 가족들은 어떻게 할 거냐? 그러면서 본사에서만 근무하는 게 아니라는 식으로 의표를 찌른다. 물론 답변은 '긍정적'으로 하되, 맹목적으로 가능하다고 말하기보다는, 당연히 가야 한다거나 지방 근무에 대해 잘 알고 지원했다는 식으로 답변하면 된다.

TIPS 6 내 이력에 질문이 있다

    면접장에서 면접관들이 응시자에 대한 정보를 파악하는 시간이 얼마나 될까? 우리 생각보다 길지 않다. 대략 10초 남짓이다. 왜 이런 일이 발생할까? 내 인생이 얼마나 소중한데 나에 대해 10초밖에 쳐다보지 않는 걸까? 이유는 의외로 간단하다. 면접장에서 면접 직전에 자료가 전달되기 때문이다. 사전에 면접자의 정보를 제공하지 않는다. 따라서 한 사람 끝나면 다음 사람 들어올 때 잠깐 볼 수밖에 없다. 이런 상황은 어디나 마찬가지다. 응시자의 인적 정보가 있기 때문에 보안 등의 이유로 절대 사전에 배포하지 않는다.

    그럼 면접관은 어떻게 이력서나 자기소개서를 검토할까? 처음부터 끝까지 다 읽을까? 절대 그렇지 않다. 그럴만한 시간이 없다. 그래서 그냥 수박 겉핥기식으로 넘기면서 본다. 그렇게 보다가 간혹 특이한 이력이 있으면 그걸 유심히 읽어보고 그에 대한 질문을 한다. 어느 면접관이나 다 똑같다. 이런 이유로 이력서, 자기소개서 작성에 신중을 기해야 한다. 거기서 질문이 나올 확률이 높기 때문이다. 특히 나만의 특이한 이력 등은 무조건 질문대상이라고 보면 된다.

대학에 편입을 했다거나, 특이한 경험(산티아고 순례길 완주), 운동선수 출신이거나 업무와 전혀 상관이 없는 미대나 음대를 나왔거나 하면 매우 특이하므로 그 분야에 질문이 집중되기 마련이다. 또한 경력사원이라면 이직이 많다거나 특이한 회사를 다녔거나, 경력의 공백기가 있을 때 그 사유에 대해서도 반드시 물어볼 것이다. 만일 이런 특이한 이력이 있음에도 질문을 하지 않는다는 것은 둘 중 하나다. 이미 합격한 것이던가, 아니라면 탈락이 확정된 경우다.

지금 당장 내 이력서와 자기소개서를 보자. 그리고 특이하게 보이는 점이 무엇인지 추려보자. 없다고? 그럼 이미 이력서, 자기소개서 작성에 실패한 것이다. 이력서, 자기소개서에 질문사항을 미리 깔아 놓아야 하기 때문이다. 이런 소위 '낚시질' 대상이 없다면 개인 신상보다는 업무 쪽으로 질문할 확률이 높아진다. 이렇게 되면 결국 지원자에게는 마이너스다.

얼마 전에 면접관으로 들어갔을 때 한 면접관이 한 질문이다.

> 아니 지금 OO기관에서 '무기계약직'으로 있는데, 우리 회사를 왜 지원한 겁니까?

그 지원자는 부산에 위치한 공공기관에 무기계약직으로 근무하는 상황에서 지원했다. 물론 채용 분야는 무기계약직이 아닌 정규직이었으므로 지원 이유는 충분했다. 답변도 잘해 무난히 합격했다. 이렇듯 특이한 이력은 주요 질문대상이다.

보통 면접을 진행할 때 인사부에서 '면접 질문지'를 면접관에게 사전에 제공한다. 이런 질문은 공통질문이 될 확률이 높다. 면접관이 제시된 질문지 중에서 본인이 궁금한 사항을 골라 면접을 보는 지원자에게 공통되게 물어본다. 서로 비교가 충분히 되기 때문이다. 질문지에서 선택된 질문은 누구나 예상할 수 있는 뻔한 질문이므로 미리 준비를 잘해야 한다. 가령 다음과 같은 것들이다.

1. 인생을 살면서 실패한 경험과 그걸 극복하는 과정
2. 자신의 장단점 1가지씩
3. 학창시절 기억에 남는 일
4. 취미와 특기
5. 회사를 지원한 이유
6. 지원업무에 대한 자신만의 차별점
7. 동료와 의견 충돌 시 어떻게 해결할 것인가?
8. 동료의 불법행위를 보고 묵과할 것인가? 신고할 것인가?

이 외에도 정말 많다. 예상 질문들을 별도로 정리해 답변까지 모범답안으로 만들어서 어느 정도 암기해 놓아야 한다. 막상 닥치면 정작 답변은 전혀 생각나지 않고 머릿속이 캄캄해진다. 누구나 그렇다. 인간은 망각의 동물이다. 당장 기억날 듯하면서도 돌아서면 까먹는다. 그래서 준비를 하는 사람과 안 한 사람의 차이는 매우 크다.

35

실제 나의 모습과 겉으로 드러나는 나
- 평범함과 튐의 경계점에서

직장 생활을 하다 보면 업무 자체에서 발생하는 고통보다는 인간 관계에서 오는 피로감이 사람을 더 힘들게 만든다. 아무런 이유도 없이 나를 싫어하거나 공격하는 사람은 어디에나 있기 마련이고 그런 사람을 볼 때마다 성선설을 맹신하던 사람도 성악설로 돌아설까 고민하게 된다. 직장생활을 하는 동안 나와 궁합이 맞는 사람만 존재하면 참 좋을 텐데, 아이러니하게도 오히려 나를 공격하는 사람만 부각되기 마련이다. 그 사람이 다른 부서로 간다고 하더라도 자석의 N극과 S극처럼 또 다른 사람이 나타나 나를 괴롭힌다.

직장은 내가 남을 밟고 올라서지 않으면 내가 밟히는 정글과 같은 곳이다. 드라마 미생에서 이런 명대사가 있다.

회사가 전쟁터라고? 밀어낼 때까지 그만두지 마라. 밖은 지옥이다!

오상식 차장을 찾아온 김 선배가 건넨 말이다. 난 직장생활이 고되고 힘들 때, 이 말을 종종 되새김질한다. 일단 회사가 전쟁터란 말이 무척이나 공감이 간다. 실제로 그렇기 때문이다. 회사는 가족도 친구도 아닌 철저하게 나를 계산적으로 바라보는 이익집단이다. 직장생활은 마치 전쟁터를 방불케 한다. 정당론 여부를 떠나 현실을 직시하고 인정해야 한다.

우리 인간은 본성적으로 자기보다 뛰어난 사람을 싫어한다. 자기와 경쟁이 되지 않는 사람에게는 너그럽고 관대하지만, 자신과 경쟁할 수 있는 사람에게는 지체 없이 공격을 가한다. 그 사람 존재 자체만으로 자신의 자리를 침범당하지 않을까 하는 오래전 과거로부터 내려오는 일종의 자기보호의 본능인 셈이다. 이런 이유로 뛰어난 사람보다는 조금 지능지수가 떨어지는 사고뭉치를 더 좋아한다. 잘난 체하는 사람보다는 약간 어리숙한 사람을 좋아한다. 말이 많은 사람보다는 조용히 묵묵하게 자기 일하는 사람을 좋아한다.

면접도 이와 다르지 않다. 면접 때 간혹 자기 PR을 과하게 하는 사람이 있다. 그저 그런, 진부한, 튀지 않는, 무난한, 소위 원 오브 뎀(one of them)으로 끝나지 않기 위해 무엇인가 자신의 특별한 점을 어필하려는 다분히 본능적이고도 의식적인 활동이다. 하지만 불행히도 이런 사람은 어디서든 환영받지 못한다. 다행히 면접 때는 직장생활처럼 과한 겸손함을 요구하지 않는다. 어느 정도 자기 PR이 필요하므로 조금은 잘난 체할 필요가 있다. 하지만 이것도 적당히 해야 한다. 과할 경우 문제가 된다. 쉽게 말해 '감추려 해도 감추어지지 않는 아름다움'이란 겉으로 드러내지 않을 때, 은연중에 진가를 발휘하는 것이다. 적당히 던지면 알아서 이해하기 마련이다.

불필요한 솔직함은 금물!

면접에서 솔직함을 가지는 일은 대단히 중요하다. 솔직하지 않다는 것은 진실에서 멀어지면서 자꾸 무엇인가를 덕지덕지 갖다 붙이는 형국이 되는데, 이 경우 치명적인 마이너스로 작용할 확률이 대단히 커진다. 본래 거짓말이 거짓말을 낳는 법이다.

솔직하게 이야기하지 않으면 보통의 사람이라면 얼굴에 다 드러난다. 목소리 톤에서도 알 수 있다. '이 사람이 지금 거짓말을 하고 있군', '자기 말에 확신이 없어' 등등.

단, 솔직함과 구분해야 할 것이 있다. 그것이 바로 '과장'이다. 과장과 솔직함의 차이는 무엇일까? 사실 이 둘을 구분하기 쉽지 않다. 과장이 지나치면 구라가 되고 구라가 어설프면 과장이 되는 법이니까. 가령 이런 경우를 상상해보자. 연인이 있다. 여자가 남자에게 물어본다.

'나 오늘 예뻐?'

참 난감한 질문이다. 평소에 예쁜데 오늘따라 더 예쁘냐는 건지, 원래 예쁘냐는 건지 아리송하다. 이럴 때 대답을 솔직하게 하면 어떻게 될까? 가령 이렇게 말이다.

아니 오늘은 좀 평범해

혹은

자기는 중간 정도는 돼.

이럴 경우 헤어질 확률이 높아진다. 머릿속에서 진실이 뭐든지 간에 대답은 '아주 예뻐!! 세상 누구보다!'라고 해야 하는 것이다. 면접 때도 똑같은 원리가 적용된다. 가령 면접관이 이런 질문을 한다고 가정해보자.

공공기관을 지원한 동기가 무엇입니까?

여기서 대답을 이렇게 하고 싶다. 마음속에서 우러나는 솔직한 마음은 다음과 같다.

> 알면서 왜 물으셔요? 일 편하지, 돈 많이 주지, 정년 길지, 자기 개인
> 의 삶을 찾을 수 있지, 사회적 평판 좋지. 그런 거 때문에 오는 거 아
> 닙니까?

그러나 불행히도 이렇게 대답하면 탈락이다. 그래서 다소의 과장과 뻥이요!를 섞어서 이렇게 대답해야 한다.

> 국가와 국민을 위해 좀 더 적극적이고 진취적으로 일할 곳이 공공기관
> 이라고 생각합니다. 제 역량을 이 회사에서 최대한 발휘하고 회사의
> 발전이 제 발전이라는 사명감으로 일하기 위해 지원하였습니다.

마치 면접관이 '너는 A라고 답변할 것이지만, 네 마음속에서는 B라고 생각하고 있겠지'하고 하는 질문이, 응시자에게는 '저는 B라고 생각하지만, 면접장이고 하니 A라고 대답하겠습니다. 하지만 저는 영원히 B의 입장입니다'라는 것과 유사하다고 할 수 있다. 서글프지만 어쩔 수 없는 현실이다.

36

부정적 단어는 사용하지 말자

- 자기주장이 너무 강한 사람

얼마 전 채용 심사를 하던 도중 놀라운 일을 경험한 적이 있다. 한 지원자가 면접 시 물어보지도 않은 본인의 흑역사를 자랑스럽게 이야기하는 것이 아닌가? '왜 저런 이야기를 하지?'하고 놀랐던 기억이 있다. 극적인 효과를 자아내기 위하여 면접관에게 어떻게 해서든 어필하기 위해 '제 인생에 시련이 닥쳤습니다'라고 이야기하는 것까지는 봐줄 만하다. 그렇다면 불굴의 의지나 누가 봐도 놀라울 정도의 지혜를 통해 이를 극복했다는 극적인 스토리를 이야기했었어야 했다. 그걸로 충분하다. 하지만 굳이 묻지도 않은 본인의 과실, 잘못, 흑역사를 천연덕스럽게 끄집어낼 필요는 전혀 없었다.

어떤 지원자는 면접관이 전혀 관심을 가지지 않을 동아리 총무를 4

개나 맡고 있다는 사실을 자랑스럽게 이야기했다. 심지어 본인의 헌신적인 노력으로 다 죽어가던 동아리를 극적으로 살렸다고 강조까지 했다. 나는 '이분이 왜 이런 이야기를 하나?' 하는 답답한 생각이 들었다. 동아리 총무를 4개씩이나 하면 대단히 훌륭한 리더십을 가진 사람이라고 생각할 줄 알았을까? 조직을 이끌어 갈 필수리더로 성장할 만한 인재라고 생각했을까? 그렇게 생각해준다면 참 좋겠지만 결과론적으로는 '전혀 아니올시다'이다. 오히려 마이너스다. '동아리에 정신 팔려 일이나 제대로 하겠어?' 하는 생각을 하지 않을까?

나도 내 전공 분야인 특허나 기술사업화, 글쓰기와 책 쓰기 책을 6권이나 출간했지만, 되도록 회사에 책을 출간했다고 말하지 않는다. '저 친구는 일은 안 하고 책만 썼구만'이라는 인식을 심어줄 수 있기 때문이다. 결국 어떻게든 소문이 나기는 했지만 나는 분명히 내가 책을 쓴 것에 대해 대단히 부정적인 생각을 하는 그런 사람이 반드시 있을 것이라고 확신한다. 회사 입장에서는 어디까지나 개인보다는 조직이고 가정보다는 회사다. 회사에 집중하고 충성하는 직원을 원하지, 다른 곳(?)에 정신 팔린 사람을 너그러이 봐줄 회사는 없다.

채용의 핵심은 회사를 위해 열심히 일할 수 있는 사람, 회사가 꼭 필요로 하는 인재를 선발하는 것이다. 따라서 회사에 불만이 있고 업무에 충실하지 않고 다른 곳에 정신이 팔렸던가, 부정적인 사고를 하는 사람은 어디에서도 환영하지 않는다. 이는 회사뿐만 아니라 인간이 사는 사회라면 어디서나 똑같다. 특히 자소서를 쓸 때나 면접에 임할 때 절대로 부정적인 단어를 써서는 안 된다. 반대로 나는 매우 긍정적이고 활발하며 의욕이 넘치고 일에 욕심이 많다는 점을 적극적으로 어필해야 한다. 지원자에게 원하는 것은 결국 열정과 패기다. 말 한마디를 해도 긍정적으로 하도록 노력하자. 긍정적이라는 것을 강조해도 쉽지 않은 것이 채용이다. 하물며 부정적인 표현을 쓰면 어떻게 되겠는가? 채용은 잘하는 사람을 뽑는다기보다, 문제가 있는 사람을 제외하는 절차로 진행할 확률이 높다.

그럼 부정적 단어는 어떤 것들이 있을까? 가령 '좌절', '실패', '험담', '혐오' 등과 같은 단어는 절대로 사용하지 말아야 한다. 특히 할 수 있냐고 물어보거든 무조건 할 수 있다고 해라. 질문에는 의도가 있고, 질문하는 사람은 저마다 머릿속에 원하는 답변을 가지고 있다. 즉, 질문에는 대략적인 정답이라는 것이 존재한다. 그런데도 정답은 말하지 않고 중언부언하고 우유부단한 모습을 보여주면 말 한마디 할 때마다 점수를 잃을 수밖에 없다. 나는 이런 경우를 너무 많이 보았다.

회사생활을 하다 보면 불평불만을 가진 사람들이 대단히 많다. 이 사람들은 어딜 가나 불평불만이다. 이리 가도 투덜, 저리 가도 투덜대기 때문에 주위에 사람이 없다. 인사고과도 좋지 않다. 주위의 평판은 말할 것도 없다.

자기주장이 너무 강한 사람

강하면 반드시 부러지게 마련이다. 자기주장이 지나치게 강한 사람은 사회에서도 그다지 좋아하지 않는다. '자기주장 강한 것이 뭐가 그렇게 큰 죄입니까? 요즘 같은 시대에 자기 생각도 제대로 표현할 수 없다는 말입니까?'라고 생각한다면 대하여 대단히 잘못 생각하고 있는 것이다. 이런 사람은 실패할 확률이 대단히 높다. 이런 생각을 못 고치겠다는 분들은 가급적 '직장생활'보다는 '개인사업'을 하실 것을 권하고 싶다.

이 사회는 '할 말 다 하고 살 수 없는 세상'이다. 말을 하지 않는 사람들이 '자기주장이 없어서!'가 결코 아니다. 할 말은 많아도 다 말하지 않는다. 왜? 말하면 할수록 본인에게 마이너스인 것을 알고 있기 때문이다.

'구화지문 설참신도(口禍之門 舌斬身刀)'. 입은 화를 부르는 문이고 혓바닥은 몸을 자르는 칼이다. 따라서 항상 말을 조심해야 한다. 말이 많으면 그중에 불필요한 말이 나오게 마련이다. 누구나 다 똑같다. 불필요한 말속에서는 타인에게 약점을 잡힐 수 있는 말, 타인을 아프게 하는 말이 본인은 의도하지 않았더라도 자연스럽게 반영되기 마련이다. 강한 사람은 그 강함으로 인해 타인에게 상처를 주는 법이다. 그걸 본인은 잘 모른다. 이럴 때 적이 생긴다. 따라서 사회생활 하는 동안은 되도록 말을 줄이고 듣는 노력을 계속할 필요가 있다.

자기 생각만 너무 주장하지 말자. 생각의 그릇을 유연하게 가져갈 필요가 있다. 내 생각만이 옳다고 끝까지 주장하는 사람은 주변에 사람이 꼬이지 않는 법이다. 아무리 내 주장을 이야기해도 상대방은 전혀 내 의견을 받아들이지 않는다. 이것은 틀림없는 사실이다. 그래서 나는 무슨 의견을 이야기할 때도 상대가 내 의견에 설복당할 것이라고는 절대 생각하지 않는다. 만일 긍정적 답변이 나와도 그게 본심이 아니란 것 역시 잘 알고 있다. 그래서 강하게 주장도 하지 않는다. 내가 이야기해봐야 어차피 받아들여지지 않기 때문이다. 반대로 상대방이 이야기하면 되도록 '이 사람이 왜 이런 이야기를 할까? 혹시 내가 무엇인가 놓치고 있는 것이 아닐까?'라는 생각을 하며 상대방의 말을 최대한 듣기 위해 노력한다. 이렇게 상대방의 의견을 경청하지 않으면 그 상대방은 그다음부터 자신의 의견을 말하지 않게 된다. '어차피 말해 봐야 듣지도 않을 텐데?' 하는 인식이 생기기 때문이다. 궁극적으로 그 사람의 발언권을 막고 벙어리로 만드는 셈이다.

우리가 황희 정승처럼 '너 말이 옳다!', 그 상대방에게는 '너 말도 옳다!' 이런 식의 양희론으로 접근할 필요는 없다. 하지만 자기주장을 너무 강하게 하면 마치 사람이 한쪽으로 치우친 편협한 사람이라는 인식을 심어주기 충분하다. 그래서 자기주장이 강하면 좋을 게 없다.

절대로 자기주장을 강하게 하지 말고 내 생각과 다르더라도 수용할 수 있는 '여유'를 보여주자. 내 생각이 항상 옳은 것은 아니다. 상대방이 나랑 반대되는 이야기를 하면 '왜 저런 소리를 하지?' 하는 생각보다는 상대방의 입장에서 생각하도록 노력해보자. '내가 저 사람의 입장이라면 어떨까?'. 이게 말처럼 쉽지는 않다. 하지만 꾸준히 노력하다 보면 내가 보지 못했던 저 너머의 이면까지 보게 되고 여기에 곁들여 아주 배려심 높은 사람이란 인식까지 심어주게 된다.

37

전 직장을 욕하지 마라
- 과거의 흔적을 지우는 법

'이직 사유가 뭡니까?'

'왜 회사를 옮기려고 하시는 거죠?

(전 회사에서 무슨 사고를 쳤나?)

(이 사람 철새 아냐?)

(전 회사에서 찍혀서 우리 회사로 옮기려는 건가?)

살다 보면 이직할 수 있다. 내 별명이 '이직의 달인'이다. 나는 지금까지 무려 8번 이직했다. 적어도 내 관점으로는 이직 자체는 죄가 아니다. 하지만 한국 사회에서는 잦은 이직이 결코 자랑은 아니다. 우리나라는 유독 이직을 금기시하고 터부시한다. '의리'를 중시하는 문화가 오랜 기간 우리 사회의 저변에 깔려있기 때문이다. 게다가 우리나라는 미국처럼 채용과 해고가 자유로운 나라가 아니다. 특히 해고는 정말 어렵다. 나도 지금까지 부당해고 소송을 몇 번 지켜봐 왔지만, 사측이 이기기는 정말 힘들다. 해당 소송에서 사측이 이기려면 누가 보아도 '저놈은 죽일 놈이다!'라고 입을 모아 외칠 정도가 아니면 안된다. 그만큼 우리나라는 고용 안정성이 보장되어 있다.

면접 때 이런 경우를 본 적이 있다. 지금도 머릿속에서 생생하게 살아 있어 쉽사리 잊히지 않는다.

> 면접관) 왜 회사를 이직한 거죠? 전 직장과 지금 지원한 직장(이 회사!)이 별반 차이가 없을 것 같은데요?
>
> 응시자) 절대 그렇지 않습니다. 저도 처음에 괜찮은 회사인 줄로 알고 입사했는데요, 그 회사는 시스템도 전혀 없고 사람들도 모두 이상한 사람들밖에 없었습니다. 시스템에 지치고 사람에게 데어서 그 회사는 도저히 다닐 수 없다고 생각했습니다. 그래서 이 회사를 지원하게 된 것입니다.
>
> 면접관) (끄응!)

도대체 무엇이 문제였을까? 이 응시자는 너무 솔직했다. 솔직해도 너무 솔직했다. 이렇게 해서는 면접전형을 통과할 수 없다. 전 직장에 서운한 마음이 드는 것은 충분히 이해할 수 있다. 하지만, 설령 그렇다 하더라도 그걸 절대로 입 밖으로 표현해서는 안 된다. 전 회사를 이렇듯 욕하는 사람이 우리 회사라고 욕하지 않는다는 보장이 있을까? 또한 전 회사에서 그렇게 문제를 일으키고 적응하지 못했다면 우리 회사라고 달라질까? 어느 회사나 다 조직문화나 시스템은 비슷하다. 한 곳에서 문제가 생긴 직원이 다른 회사에서는 잘한다는 보장이 없다.

이럴 바에는 차라리 반대로 가야 한다. 전 직장에 대한 고마움을 이야기하고 이 회사에서 좋은 인연을 맺고 싶다고, 진솔하고 긍정적으로 이야기하는 편이 훨씬 낫다. 더 발전적인 곳에서 더 나아진 모습으로 제가 하고 싶은 일을 하기 위해 왔다고 하면 되지 굳이 전 직장을 욕할 필요가 없다. 전 직장을 욕하려면 직접적으로 욕하지 말고 반대로 이 회사의 장점을 부각하면 된다. 결론적으로는 전 직장이 별로라는 것인데, 이것을 우회적으로 표현하는 거다. 절대로 직접적으로 전 직장을 욕하지 말자.

가던 길도 조심해야 하는 이유

어느 채용 면접에서 있었던 일이다. 면접 장소가 대중교통을 이용하기 어려운 곳에 있어 자동차를 직접 몰고 갔다. 면접장에 일찍 도착해 시간도 남고 하여 차에서 내려 담배를 피우고 있었다. 다 피우고 난 후 담배 버릴 곳을 찾았으나 딱히 보이지 않았다. 결국 바닥에 비벼 껐다. 그리고 면접장으로 올라갔다. 막상 면접장에서 면접관이 이런 말을 했다.

아까 차 옆에서 담배 피우고 바닥에 담배 끄신 분이군요?

이 말을 듣고 무엇인가 잘못되고 있음을 깨달았다. 면접관이 위에서 나를 지켜보고 있었던 거다. 무척이나 놀랐다. 이런 사소한 행동 하나가 사람에 대한 평가로 이어질 수도 있는 것이다. 이 사건을 계기로 면접 시 행동을 평소보다 각별히 더 조심해야 함을 뼈저리게 깨달았다.

나는 담배를 예로 들었지만, 담배 외에도 화장실이나 회사 내의 다른 곳 가령 면접대기실 등에서도 행동이나 자세를 특히 더 조심해야 한다. 보는 눈이 워낙 많다. 작은 행동으로 인한 쓸데없는 꼬투리로 인해 면접에서 낙방하는 일은 없어야 할 것이다.

이런 작은 것까지 신경 써야 할까? 다 큰 성인이고 법을 어기는 것도 아닌데 행동 하나하나까지 이토록 조심해야 할까? 왜 사람이 자기 본성을 억제하고 사회적으로 만들어 놓은 불분명한 틀에 자기를 맞추려고 하는 걸까? 그렇게 불편해하면서도 말이다. 그러나 어쩌겠는가? 절이 싫으면 중이 떠나야지? 바꾸어 보겠다고? 최소한 입사라고 해야 바꾸어 볼 기회라도 잡을 것이 아닌가? 그래서 선구자의 변화와 변혁, 개혁을 위해서는 자기희생이 필요하다. 그럴만한 자리에 가야 바꿀 수 있기 때문이다. 하지만 불행히도 이런 생각을 가진 분들이 높은 자리에 올라가도 변화는 없다. 이미 그분들도 거기에 젖어 든다. 그게 인생이다. 참 아이러니 한 일이다. 20~30년 전 개혁적 성향을 보였던 젊은 세대들이 세월이 흘러 중장년이 되어 보수층으로 자연스럽게 흡수되는 것만 봐도 그러하다. 세월 앞에 장사 있겠는가? 사람은 나이가 들수록 점점 보수적으로 변해가고 타협하는 법을 배운다. 그리고 변화를 두려워한다. 공공기관도 그런 조직이다.

TIPS 7 최소 회사에 대한 정보는 알아보자

면접을 보는 회사에 관한 정보는 필수다. 모르면 공부해야 한다. 해당 회사의 언론 기사도 찾아보고 홈페이지에 접속해 각종 자료도 찾아본다. 주요 사업이나 매출이 주로 어디서 발생하는지 확인해본다. 공공기관은 알리오에서 많은 정보를 얻을 수 있으므로 이에 관해 공부하고 구글 검색을 통해 각종 자료도 정리해둔다. 이러한 준비는 면접에 임하는 회사에 대한 최소한의 예의다.

공공기관에 지원하려면 최소한 회사에 대한 정보는 알고 가야 한다. 그럼 공공기관의 정보는 어디서 얻을까? 다음의 방법을 사용하도록 하자.

> 1. 공공기관 홈페이지
> 2. 공공기관 경영공시 알리오(www.alio.go.kr)
> 3. 구글 검색을 통해 각종 보고서 등을 입수
>   특히, 경영성과계획서(경영평가)의 최종보고서
> 4. 포털 '회사명' 검색(특히, 뉴스)

공공기관 홈페이지는 홍보부서에서 외부에 보여줄 용도로 만들어 놓은 것이다. 큰 기대를 하면 안 된다. 단편적인 자료밖에 없다. 경영공시 알리오에서도 모든 정보를 세세히 공개하지 않는다. 공개용 버전을 사전에 만들어 놓고 부분적으로만 공개한다. 따라서 구글 검색을 통해 경영평가나 경영성과계획서 최종보고서를 입수하는 것이 가장 좋다. 이 정보는 회사에 관한 대부분의 정보를 담고 있다. 인터넷 포털 검색은 최근 이슈가 되는 뉴스를 검색하는 용도로 활용하면 충분하다.

이처럼 회사정보가 중요한 것은 간혹 면접에서 회사에 관해 물어볼 수 있기 때문이다. 가령 '우리 회사가 무엇이 문제라고 생각하십니까?' 라던가 '우리 회사 주요 매출이 무엇인지 아십니까?'라고 묻는다면 '잘 모르겠습니다.', 혹은 '관심 없습니다'로 대답할 수는 없는 노릇 아닌가?

과거 한 면접장에서 있었던 일이다. 잘 들어보자

면접관) 우리 회사가 지금 가장 시급한 것이 무엇이라고 생각합니까?

응시자) 글로벌 넘버 2이자 우리 이웃 국가이며 16억 인구시장인 중국을 공략할 필요가 있다고 생각합니다. 일단 중국에 거점을 만들고 집중적인 투자를 아끼지 말아야 한다고 생각합니다.

이렇게 답변하자, 면접관은 '아니, 벌써 5년 전에 중국에 진출했고 이미 매출의 30% 이상이 중국입니다'라고 대답했다면 응시자의 체면이 도대체 뭐가 되겠는가? 따라서 이런 상황에 닥치지 않기 위해서는 회사에 대해 최소한의 정보는 알고 들어가야 한다.

다음 사건도 면접에서 있었던 일이다.

자동차 회사 면접에서 면접관이 한 여자 응시자에게 다음과 같이 물었다고 한다.

> 면접관) 우리 회사는 글로벌 자동차 회사입니다. 우리 회사에서
> 만드는 자동차 모델 3가지만 이야기할 수 있나요?
> 응시자) .... (머뭇머뭇)

자동차 회사에 응시하는 지원자가 지원한 회사의 자동차 모델명조차 모르는 것이다. 이런 경우 면접관에게 좋은 인상을 심어주기 힘들다. 강한 무엇인가를 보여주지 않으면 탈락이다. 마치 KBO에 지원한 응시자에게 '한국 프로야구팀이 몇 개입니까?' 묻는데 '모르겠는데요.'라고 하는 것과 똑같다. 따라서 최소한의 회사정보는 제발 좀 알고 들어가자.

제6장

현직자가 이야기하는
공공기관 합격법

38

합격과 불합격은 종이 한 장 차이
- 디테일이 결국 승부를 가른다

합격자와 불합격자는 'All or nothing'이다. 스웨덴의 전설적인 혼성 밴드 아바(ABBA)의 'The winner takes it all'이란 곡이 있다. 승자독식이다. 합격자와 불합격자는 결과적으로 보면 100대 0이다. 합격선에 딱 걸려서 불합격하나 꼴등으로 불합격하나 불합격은 매한가지이기 때문이다. 1등으로 합격하나 꼴등으로(이른바 문 닫고 입사!) 합격하나 결과적으로 똑같다.

이렇게 생각해 보자. 100명의 지원자 중에서 10명이 합격했다면, 10등과 11등은 소위 합격과 불합격이 갈리는 등수이다. 불과 1등 차이지만 결과는 엄청나다. 합격한 사람은 그 회사 명함을 가지고 출입증을 목에 걸고 유유히 걸어 다닐 수 있지만, 불합격자는 다시 취업시장의 문을 두드려야 하기 때문이다. 이렇듯 양자의 차이는 하늘과 땅이다. 그 차이를 막상 들여다보면 불과 소수점 몇 점 차이일 가능성이 크다.

이 말을 다시 곱씹어 보면 이런 결론에 이른다. 아주 디테일한 부분에서 뒤집었다면 합격자가 바뀌었을 수도 있다는 말이다. 과거 필립스 광고 문구 중 '조그만 차이가 명품을 만든다'라는 문구가 있었다. 나는 그 말을 듣고 무척이나 공감했다. 이게 진실이다. 합격과 불합격은 아주 사소한 부분에서 갈린다. 그래서 채용과 관련해서는 아주 작고 세세한 부분부터 최선을 다해야 한다. 만일 좀전의 예에서 11등~15등 정도로 탈락한 사람은 가산점만 있었어도 합격할 수 있었을 것이다.

불합격한 회사에 정중하라

일전에 놀라운 체험을 한 적이 있다. 한 회사에 지원했다가 최종 불합격 통보를 받았다. 그리고 며칠 지나 그 회사에서 전화가 왔다. 추가로 합격했다는 것이다. 너무 놀라웠다. 최종 합격한 사람이 다른 회사도 동시에 합격하여 그곳으로 가기로 하여 예비합격자였던 내가 추가 합격한 것이다. 최종 합격자가 포기할 경우를 대비하여 예비 순위를 뽑는 회사가 많다. 나도 이런 식으로 순위 승진한 것이다. 이런 경우가 왕왕 있다.

회사로부터 불합격 통보를 받으면 정중하게 대응하고 의연하게 결과를 받아들여야 한다. 절대로 그 회사를 욕하거나 불합격의 이유를 따져 묻는 것은 절대 금물이다. 그 이유는 다음과 같다. 첫째, 추가로 합격할 수 있다. 최종 합격자가 입사를 포기하면 나에게 기회가 올 수 있다. 둘째, 차기 공채에 응시할 수도 있다. 올해 떨어졌다고 내년에 응시하지 말라는 법은 없다. 좋게 헤어지면 다음 기회를 노릴 수 있다. 셋째, 관련 업계가 좁다. 한 군데 찍히면 그 바닥에서 영원히 자리 잡지 못할 수 있다. 소위 블랙리스트에 올라갈 수 있다. 넷째, 불합격의 이유는 자신에게 돌려야 한다. 이 회사에서 '저 친구는 뽑지 않으면 안 되겠는걸?'하는 마음이 들지 않았다는 것이다. 스스로 부족한 점을 인정하고 극복하려는 절차탁마의 기회로 삼아야 한다.

과거 한 도시가스 회사 법무팀에 소위 SKY 법학과 출신의 3명이 최종면접에 임한 적이 있었다. 결과적으로 3명 모두 탈락했다. 이런 경우도 많이 발생한다. 회사의 기준에서 보면 3명 모두 미달로 판정난 셈이다. 최종 면접 후 함께 면접에 임한 지원자들과 식사도 하고 연락처도 주고받고 해서 꾸준히 연락을 취하고 있었다. 그중 한 친구에게 전화가 와 최종 합격했냐고 물었다. 그래서 이미 나는 최종 불합격 통보를 받은 터라, 나는 아니라고 했다. 그래서 마지막 남은 한 친구에게 전화해 축하한다고 했더니 본인도 불합격했다는 것이다. 그래서 '우리 모두 떨어진 거야' 하면서 씁쓸해했던 추억이 있다. 너무 분해 '취업 뽀개기' 다음 카페 게시판에 올렸더니, 아니나 다를까 취업담당자가 글을 삭제해 달라고 요청하면서 아주 기분이 나쁜 듯한 글을 나에게 보냈다. 나도 문제가 될까 봐 삭제하기는 했지만, 그 이후로 그 회사는 지원할 수 없게 되었음은 당연한 일이다.

　입사지원자는 회사와의 관계에서는 영원한 '을'이다. 절대로 '갑'이 될 수 없다. 역량이 너무 뛰어나 타인과 비교 불가해 헤드헌팅을 할 만한 특출난 인재가 아니라면! 특히 채용 프로세스는 대부분 비공개로 이루어진다. 불합격했다고 하여 그 사유를 친절하게 가르쳐주지 않는다. 채용 자체가 극히 주관적일 수밖에 없다. 사람이 하는 일이기 때문이다. 정성적인 부분을 정량적 점수로 환산하여 평가하기는 하지만 결국 평가자의 주관이 개입된다는 사실은 변하지 않는다. 정성적으로 평가를 실시하고 그걸 정량 점수로 옮기는 기능적인 절차가 있을 뿐이다. 외부 평가위원을 통해 객관성을 확보한다고 하지만 결국 평가자의 주관이 개입되고 회사의 의견도 슬그머니 개입된다. 이것은 공정성 측면에서 옳지 못하지만 어쩔 수 없다. 채용의 영원한 숙제라고 할 수 있다.

　면접관으로 들어가 보면 알 수 있다. 대략적인 분위기가 이 사람을 뽑아야 한다는 묵시적인 기류가 발생한다. 그 반대의 경우도 마찬가지이다. 사람들이 보는 수준이나 시각은 거의 비슷하다.

　회사와 척을 진다고 본인에게 유리할 것이 전혀 없다. 좀 분하고 속상하겠지만 회사와 싸울 생각은 하지 말자. 그래봤자 득보다 실이 많다. 찢영혼에 상처만 남을 뿐이다. 긍정의 마인드로 채용 절차에 임하는 것이 좋다. 적절한 비유가 될지 모르겠으나 나도 책을 출간하기 위해 출판사에 투고할 때마다 99%는 거절 메일을 받는다. 하지만 그 출판사에 분하거나 억울한 마음을 가지지 않는다. 내가 제시한 원고의 콘텐츠 질이 그만큼 어필하지 못했기 때문이다. 자기를 탓하고 남을 탓하지 말자. 남 탓하는 순간 인생은 한없이 불행해진다.

39

미리미리 준비해야 한다
- 예측과 준비의 중요성

얼마 전 용인시 인구가 100만이 넘어 구 하나를 분구한다는 기사를 접했다. 분구가 확정된 것은 아니지만 용역 발주를 의뢰했고, 보고서를 행정안전부에 제출하면 행정안전부에서도 적극적으로 검토한다고 한다. 난 이 기사를 보며 이런 생각을 했다.

1. 공무원 조직의 확대
2. 이로 인한 대규모 공채

아주 작은 기사지만 쉽게 넘어갈 수가 없다. 관심이 있으면 보이는 법이니까. 구가 하나 생겨나면 구청장 자리, 그로 인한 구의회가 신설

되고 그로 인해 발생할 수많은 일자리, 아마도 많은 직원을 선발해야 하리라. 거기에 청사도 짓고 해야 하니 지역경제에 도움이 될 것이다. 이런 생각들이 주마간산처럼 머리를 스쳐 갔다.

공공기관도 마찬가지다. 신생 공공기관이 생기거나 공공기관 지방 이전, 통폐합, 분리 등의 정보를 예측할 수 있다면 취업시장에서 상당히 유리한 고지를 점할 수 있지 않을까? 이런 이유로 신생 공공기관은 인터넷에서 수시로 검색해야 한다. '공공기관 설립, 공기업 설립, 공공기관 추진, 추진단 설립' 등의 키워드로 꾸준히 검색하면 어떤 기관이 설립 준비 중인지 알 수 있다. 공공기관 지방 이전도 어느 정도 완료가 되었다고는 하지만 아직도 이전을 준비 중인 기관이 많이 있다. 자발적으로 지방 이전을 하지 않으면 강제 이전 대상이 되는 그런 기관들이다. 지방 이전 시 채용이 대규모로 이루어질 가능성이 크다.

채용정보는 우리 일상과 밀접한 관련이 있다. 과거 이명박 정부 시절 기초과학연구원(IBS)을 설립한다고 했을 때 대규모 공채를 여러 차례 실시했다. 신생 기관이라 거의 모든 분야에서 채용해야 했기 때문이다. 이 시절 내가 아는 사람들도 많이 이곳으로 옮겨갔다. 이렇게 신생 기관은 대규모 채용이 많다. 조금만 관심을 가지고 보면 이런 기관들의 정보를 알 수 있다. 그래서 안테나를 항상 열어두어야 한다. 미래를 100% 정확하게 예측할 수는 없겠지만 최소한 관심은 가지고 있어야 한다. 취업은 결국 '정보력' 싸움이기 때문이다. 정보력이 뒤처지면 '좋은 감'을 따 먹을 수 없다. 미리 삿대를 준비한 사람이 먼저 잘 익은 감을 따갈 수 있다. 남은 것은 덜 익은 감이나 까치가 파먹은 하자 있는 감일 뿐이다.

그럼 이런 예지력은 어떻게 가질 수 있을까? 우리가 놓치는 대부분의 정보는 '관심이 없어서' 발생한다. 그리고 대부분 사람은 본인들이 정보를 놓친 것조차도 모른다. 기회가 왔다가 슬그머니 사라지는 것조차 인지하지 못하는 것이다. 그리고 나중에 알게 되면 '어차피 나랑 인연이 아니야'라고 애써 자위한다.

다양한 분야에서 다양한 루트로 정보를 입수할 수 있도록 주변 모든 환경을 잘 활용하자. 가령 취업 정보를 얻을 때도 채용과 관련한 정보를 얻을 수 있는 곳은 헤아릴 수없이 많다. 가령 알리오, 워크넷, 취준모, 공수모, 일반 취업사이트, 하이브레인넷 등 중복 확인을 할 수 있는 곳이 많으니, 다양한 정보를 놓치지 않도록 미리 준비해 두자.

채용공고에 답이 있다

주변에 공공기관을 지원한다는 한 후배와 이야기를 한 적이 있다. 그 친구와 이야기하며 참 답답하다는 생각이 들었다. 공공기관에 취업하겠다는 목표는 있지만 그에 맞는 준비가 하나도 되어 있지 않은 것이다. 심지어 토익 성적도 없었다.

일단 취업을 결심했다면 내가 지원하고자 하는 회사에 대한 최소한의 채용공고는 충분한 여유 기간을 두고 사전에 반드시 읽어봐야 한다. 채용공고를 보면 무엇을 준비해야 하는지 잘 알 수 있다. 여러 군데 채용공고를 보고 회사에서 요구하는 사항이 무엇인지 정확히 분석하고 맞춤형으로 준비해야 한다. 이렇게 해도 될까 말까다. 최소한 신입사원이라면 대학 졸업 2, 3년 전, 경력이라면 이직 1년 전에는 미리 준비해놨어야 했다. 지금 와서 어쩌겠는가? 당장이라도 준비를 시작하라. 이런 사태가 터지지 않기 위해서는 채용공고를 미리 확인하는 것이 중요하다. 채용 공고상의 기본요건이 무엇이고 가점이 무엇이 있고 무엇을 우대하고 채용 규모는 어떻게 되고 합격하면 어디서 근무하는지 미리 확인해야 한다. 이렇게 준비한 사람과 안 한 사람은 이미 시작부터 다르다.

'몇 년 전부터 어디로 갈 줄 알고 준비를 한단 말입니까?'라고 묻는다면 난 이렇게 대답할 것이다. '일단 지원 후보군 회사를 정해놓고 거기에 맞는 공통적인 부분에 대해 준비하라'라고 말이다. 가령 다음 채용공고를 보자.

〈채용공고 (예시)〉

(일반, 장애인 공통)

☐ 18세 이상(2001. 8. 14. 이전 출생자)

☐ 다음 기재 국가기술자격증 중 1개 이상 소지자(응시원서 접수마감일 기준)

정보관리기술사

컴퓨터시스템응용기술사

전자계산기조직응용기사

사무자동화산업기사

전자계산기제어산업기사

정보처리기사

정보처리산업기사

정보처리기능사

컴퓨터활용능력 1급

컴퓨터활용능력 2급

워드프로세서

위 예시는 '정부법무공단' 채용공고다. 최근에는 학력, 경력 철폐니 해서 요구조건에 많이 완화되었지만, 이 회사는 2가지 요건을 요구한 다. 18세 이상이야 별문제가 될 것이 없다. 이 회사는 자격증을 요구 한다. 따라서 위 자격증 중 1개라도 없으면 지원 자체가 안 된다. 정 부법무공단에서 일하려면 자격증을 미리 준비해야 한다.

이런 정보는 미리 확인하지 않으면 원서 자체를 넣을 수 없을뿐더 러 뒤늦게 인지하고 작업을 하면 이미 늦다. 따라서 채용공고를 미리 미리 잘 분석하고 필요한 자료가 무엇인지 파악하여 사전에 만반의 준비를 해 놓아야 한다. 그래서 '채용공고'를 먼저 읽는 것이 중요하 다. 제발 미리미리 대비 좀 하자!

40

나와 궁합이 맞는 회사가 있다
- 나와 맞는 회사를 찾는 법

회사에 대한 이야기를 비공식적으로 할 수 있는 익명 앱이 '블라인드'이다. 나는 이 앱에 대해 친구에게 전해 듣고 말이 나온 김에 앱을 설치하고 접속해 보았다. 그랬더니 회사 직원들의 이야기보다는 대개 '이 회사 어때요? 다닐 만해요?'의 이직자나 구직자의 질문이 대부분이었다. 이걸 보며 나는 이런 질문이 무슨 의미가 있나? 라는 생각을 했다. 현직자에게 물어봐야 좋은 이야기 나올 리가 만무하고, 남이 아니라고 하면 구직을 단념할 것도 아니지 않은가? 남의 이야기 몇 마디에 이러쿵저러쿵하는 것도 상당히 무책임한 일이 아닐까?

나에게 최악인 회사가 모두에게 최악일까? 아니면 나에게만 최악일까? 지금 왜 이런 이야기를 하는 것일까? 제목처럼 회사도 궁합이 있다는 것을 강조하려 하는 것이다. 사람마다 성향이 저마다 다르기 때문에 회사 선호도도 확실히 다르다. 절대 명제는 제외하자. 가령 연봉이 더 많은 것이 좋다거나 근무 강도가 약한 것이 좋다는 사실 말이다. 그런 것은 누구에게나 공통적이다. 같은 일을 하고도 돈을 많이 받는 회사보다 적게 받는 회사가 좋다고 한다면 그 사람은 무엇인가 문제가 있는 것이다.

이런 절대적인 명제는 논외로 하자. 그것보다는 내가 좀 더 활동적이냐 아니냐, 성취욕구가 크냐 그렇지 않은가로 따져야 할 것이다. 어떤 사람은 활동적인 일을 싫어하고 어떤 사람은 조용히 앉아서 일하는 것을 좋아한다. 활동적인 일을 좋아하는 사람은 그런 곳을 선호하기 마련이다. 일이 좀 고되더라도 대국민 지원을 통해 봉사하고 이러한 일에 뿌듯해하는 사람은 그런 일을 하면 된다. 하지만 바깥으로 돌기보다는 조용히 사무실에서 있고 싶습니다, 하는 사람은 그런 자리를 찾으면 된다. 하지만 불행히도 한 업무를 계속하는 직장은 없다. 좀 어려운 부서에 있으면 좀 편한 부서로 가기도 하고 활동적인 부서에서 근무하면 그다음에는 상대적으로 덜 활동적인 부서에 가기 마련이다.

즉, 사람마다 자기에게 맞는 직장이 있다. 어떤 사람은 아주 안 좋은 직장이라고 하는데 다른 사람은 아주 좋다고 한다. 왜 이런 현상이 일어날까? 첫째 이유는 사람 마음가짐의 차이다. 긍정의 마인드가 긍정의 결과를 나타내는 것이다. 이런 사람은 어딜 가도 일을 잘한다. 그리고 인정받는다. 둘째는 성향의 차이다. 좀전에 이야기한 대로 특정 성향이 그 회사와 맞는다면 쉽게 적응하고 일을 잘 해낼 것이고, 그러한 성향이 없다면 일을 처리하기 힘들 것이다.

공공기관도 워낙 종류가 다양하고 천차만별이라 어느 공공기관에 가느냐에 따라 공공기관에 대한 인식도 완전히 달라진다. 그래서 자기 성향에 맞는 공공기관을 찾는 것이 중요하다. 가령 밖으로 나가는 외근직을 선호하면 그런 공공기관을 찾으면 된다. 한국석유관리원의 지사로 가면 주유소 가짜 석유 단속업무를 하게 된다. 이 경우 업무용 차를 타고 외부로 돌게 된다. 이런 업무를 좋아하는 사람은 이 직장이 아주 좋은 직장이 되겠지만 그런 성격이 아니라면 그곳은 지옥이다. 따라서 자기 적성에 맞는 회사를 찾는 것도 그 사람의 실력이자 운이자 운명이다. 아니다 싶으면 다른 곳을 찾아야 한다. 하지만 이런 상황이 발생하지 않도록 미리 잘 알아보고 대응하는 자세가 시행착오를 줄이는 길이다.

상대방의 입장에서 생각하는 법

공공기관에 남들보다 앞서 수월하게 취업하려면 전략을 잘 짜야 한다. 이런 전략은 치밀하면 치밀할수록 좋다. 가장 좋은 방법은 채용하는 상대방의 입장이 되는 것이다. 채용하는 회사 즉 사용자 입장에서 나를 바라보는 것이다. 이를 통해 내가 무엇을 준비하고 어떻게 해야 하는지 구체적으로 알 수 있다. 하지만 대부분의 취업준비생은 이런 기본조차 간과하고 있다.

　사람은 누구나 인생을 살면서 '아 정말 후회된다'고 생각하는 그런 사건이 한둘씩은 있다. 나도 인생을 살면서 몸서리쳐질 정도로 후회되고 아쉬웠던 순간이 여러 번 있었다. 그중 가장 아쉬웠던 점은 '멘토'를 두지 못했다는 점이다. 부모도 대신해줄 수 없는 인생의 중대한 선택의 기로, '내가 내 인생에서 무엇인가를 결정해야 할 대단히 중요한 순간'에 나에게 조언을 해 줄 멘토가 없었다. 이런 멘토링은 나를 객관적으로 바라볼 수 있는 경험치와 객관성을 가진 사람이어야 하는데 정작 그런 사람이 없었다.

　나에게는 나를 '멘토님!'이라고 불러주는 동생이 한 명 있다. 이 동생은 나와 한 회사를 잠시 같이 다닌 적이 있다. 이런 인연으로 둘이 헤어진 뒤에도 가끔 만나서 서로 이런저런 이야기를 나누는 사이다. 이 친구는 인생의 고비나 위기가 닥칠 때 혹은 진로나 직장 관련해서 상의하고 싶을 때 나에게 연락해 온다. 나는 내가 살아온 인생의 경험과 타인으로서의 냉철한 판단으로 그 친구에서 성심을 다해 멘토링을 한다. 우리 인간은 제삼자에게는 훈수도 잘하고 조언도 객관적으로 할 수 있지만 정작 본인이 당사자가 되면 객관성을 잃고 늪에 빠지는 성향이 있다. 그래서 멘토의 역할은 대단히 중요하다. 오래 살았어도 처음 해보는 것 투성이고, 인생은 단 하나이기 때문이다.

　나는 멘토링을 할 때 가급적 그 친구 편을 들어준다. 고민을 상담하는 사람에게 화내거나 다그쳐서는 안 된다. 그 사람은 조언을 구하는 동시에 힐링 내지 위로받고 싶은 것이다.

취업과 관련해도 이와 다르지 않다. 역지사지, 상대방의 입장(혹은 제삼자적 입장)에서 생각하면 취업과 관련한 고민 사항을 객관적으로 볼 수 있다. 접근 방식이 대단히 수월해진다. 회사가 어떤 상황이며 어떤 일을 할 사람을 뽑는구나, 회사 입장에서는 이런 사람이면 좋을 것이다, 정도까지만 생각해도 충분하다. 내 이야기를 하는 것이 아니라 상대방이 원하는 이야기를 해야 한다. 면접 때도 마찬가지다. 이런 방식은 취업준비생에게는 무리일 수 있다. 그래서 필요한 것이 정보력 내지 멘토링이다.

직접 경험을 할 수 없다면 정보력을 이용해 다양한 루트로 그런 간접경험을 할 수 있다. 이것이 어렵다면 '멘토링'을 통해 자기만 바라보는 수준에서 누가 봐도 객관적인 수준까지 역량을 넓혀 나갈 수 있다. 사실 말처럼 쉬운 것은 아니다. 하지만 그 수준까지 가야 한다. 이러한 판단력은 비단 공공기관에 입사하는 것에서 끝나는 것이 아니라 나중에 회사생활을 원만히 끌어나가는 데도 엄청난 도움을 준다.

역지사지는 취업뿐만 아니라 우리 삶에서도 큰 위력을 발휘한다. 내가 이 이야기를 하면 상대방은 어떤 이야기를 할 것이고 이에 나는 어떻게 대응한다는 논리가 바로 서야 한다. 예측 가능성은 결국 상대방 입장에서 바라보는 시각을 키워야 가능하다. 이 말을 기억하자! 역지사지, 상대방 입장이라면!

에필로그

공공기관 취업하기에 대해 지금까지 내 생각을 짧게나마 적어보았다. 취업 관련 책은 크게 2가지로 구분할 수 있다. 하나는 취업의 방법론이나 정보를 담은 책, 즉 기술적인 방법을 알려주는 책, 다른 하나는 마음가짐을 잡도록 하는 책, 바로 이 책이다. 기술적 방법론은 그쪽 분야에 대한 책이 많으므로 해당 책을 참고하면 된다.

정보가 없이 사는 시대는 이미 끝났다. 이제는 넘치는 정보 중에서 나에게 맞는 정보를 취사선택하여 '내것화'하는 지혜가 필요하다. 아무리 많은 조언도 결국 실행하지 않으면 소용없다. 공공기관을 목표로 한다면 그에 맞게 목표를 세우고 과감하게 도전하는 정신이 필요하다.

어느 조직이나 그 조직 내에서 빛을 발하는 사람이 있다. 그런 사람에게는 다른 사람에게서는 도저히 찾아볼 수 없는 그 무엇이 분명히 존재한다. 나는 그것을 오래전부터 X라고 불러왔다. 나 역시 내 삶을 진지하게 대할 때, 인생 속에서 그런 X를 가지기 위해 노력해왔으나 부끄럽게도 아직 찾지 못했다.

우리가 인생을 살아가면서 무엇인가를 이루기 위해 끊임없이 의식적인 노력을 하지만 그것만으로는 무엇인가 부족하다. 남과 다른 그 무엇, 무엇인가 다른 이면에서 뿜어져 나온 그런 힘, 그건 에너지, 아우라, 차별성 등 다양하게 부를 수 있겠지만 더 심각하게 이야기하면 '혼'이라고도 할 수 있을 것이다.

공공기관 취업은 살아가는 삶의 하나의 방식 중 하나이다. 공공기관에 무슨 마법이 있길래 공공기관에 들어가면 마치 세상 모든 일이 실타래 풀리듯 해결될 것처럼 생각할 수도 있으나 실상을 알게 되면 반드시 그렇지만도 않다. 우리 인간의 삶을 생명 전체로 본다면 한 회사에 취업하는 것은 마치 어머니 자궁에 착상하는 근원적이고도 원초적인 시작 단계에 지나지 않는다.

우리가 삶을 살아가면서 어떤 방식으로든 사회에서 타인과 관계를 맺는다. 그것은 인간의 인간에 대한 조건이자 숙명이다. 공공기관에 입사하는 것은 그 지극히 일부 중 하나일 뿐이다. 높은 급여와 공무원 수준의 안정성 때문에 공공기관의 인기는 날이 갈수록 높아져 가고 있지만, 막상 다니는 현직자의 말을 들어보면 만만한 직장은 지구상에 존재하지 않는다.

나는 이 책을 계기로 공공기관에서 자신의 꿈을 펼칠 멋진 젊은이

들이 많이 나왔으면 하는 바람이다. 여러분도 그런 X를 갖춘 훌륭한

자기 모습을 스스로 발견하길 바란다.

공공기관에서
일하고
싶다구요?

제1판 제1쇄 인쇄 / 2022년 8월 5일
제1판 제1쇄 발행 / 2022년 8월 10일

저 자   김욱
발행인   김용성
발행처   법률출판사
           서울시 동대문구 천장산로 11길 17, 204-102
           ☎ 02)962-9154   팩스 02)962-9156
등록번호   제1-1982호
I S B N   978-89-5821-409-0 13320
e-mail   lawnbook@naver.com